BOTHO STRAUSS

Nicht mehr. Mehr nicht

Chiffren für sie

Hanser

1. Auflage 2021

ISBN 978-3-446-27088-6

Umschlag: Peter-Andreas Hassiepen, München
Motiv: © Katya Golovchyn / Getty Images
Satz im Verlag
Druck und Bindung: CPI books GmbH, Leck
Printed in Germany

FSC
www.fsc.org
MIX
Papier aus verantwortungsvollen Quellen
FSC® C083411

Nicht mehr. Mehr nicht

Chiffren für sie

1

Vor mir steht mein Name. Er schließt alles aus, was ich bin. Gertrud Vormweg. Mißglückte Anrede. Ich heiße Elissa, die dem größten Aufschneider und Fabelhelden, dem Migranten von Troja zum Opfer fiel, geliebt und verlassen vom wortbrüchigsten Mann, der je den Boden Karthagos betrat. Dido paßt nicht zu mir und ist auch kein schöner Name. Also laß ich mich rufen mit dem heimischen Namen der Verlassensten aller je Verlassenen: Elissa.
Nicht hinter edlen Namen sich verstecken! Wenn nicht anders, bin ich auch mal die Gertrud. Wie's auf meinen Gedichtbüchern steht.

Als er mich ansah, mir war, ich wär noch ein Kind, und mein Knie konnte nicht aufhören zu bluten … Mein ganzes Leben war wie ein einziges plötzliches Geschehen, das ganze abrupt erlebte Leben.

Ein Mensch muß im ganzen zum Singen gelangen. Seine Stimme allein trägt nicht weit genug. Aber Stimme und Schritt, Lieben und Fragen, Kämpfen und Dulden – die müssen singen, und manchmal im Chor.
So muß man singen können. Mit der ganzen erscheinenden Figur, mit seinem Wesen. Mit Augen, Händen und Schritten.

Wie zwei voreinander sich rasend entkleiden und wieder ankleiden, das wird, im Zeitraffer gesehen, ihre ganze Geschichte gewesen sein.

Zurück zur Garderobenstange. Zwischen vergessenen Mänteln vergessener Männer blieb hängen sein bleicher Wäschesack. Hin und wieder besucht ihn meine Taschenlampe, Lichtmotte, umflattert ihn. Wer weiß wann, und die Motte erlischt.
Wie mag er sich kleiden jetzt, auf und davon? Was trägt er verschwunden?

Abgewandter, fortschreitend! Heller Jackenrücken! Abendrothaar!
Geh nur! Du wirst mir nicht kleiner. Verlierst nicht dein Maß mit der Entfernung.

Ein Umarmer ohne einen Funken Liebe im Leib. Aber ein Umarmer ohne Fehl und Tadel.

Als plötzlich drinnen oben im Haus hohe Stapel von Rüben zusammenbrachen und die Treppe hinunterpolterten: Kaskaden von roten Rüben stürzten über die Stufen, und eine Ratte, die selbst den Fall der Früchte mit gierigen Bissen ausgelöst hatte, rannte in Panik voraus und entkam der Lawine durch den Haustürschlitz.

Doch wie sie nun sieht, daß es ihm nichts bedeutet, nackt vor ihr zu stehen, daß er sich weder ziert noch zeigt, daß es ihn nicht kümmert, welchen Anblick er ihr bietet, da bedeutet's auch ihr nichts.
Es scheint, daß einzig das *Versehen* noch blenden kann, beim Aufreißen einer falschen Tür, und der feindliche Blick einer Frau, die beim Entkleiden überrascht wird.
Du Fremder, du Freund, laß mich zusammenrufen, was uns hielt – ohne Rücksicht, »ob man das so sagen darf«, ob es gefällt oder quält.

Schwindlig wird ihr, sie lehnt sich an. Wem sag ich, was niemanden etwas angeht?

Welche Zeit-Räume durchschritten! Tür auf, Tür zu. Eine Enttäuschte, die sich lieber in die Ruinen ihres dreißigsten Jahrs verkriecht als sich ihrer Kraft und Reife zu erfreuen.

Das Dulden studieren, sechs Semester lang. Im Nebenfach das Genügen belegen. Nicht nochmals an den Stäben rütteln. Dulden formt deinen Leib. Vorher war da nur ein ausgedehnter Knorpel.

Dichterin, wie sehr wünschtest du jetzt, du hättest Macht und Befehlsgewalt über *seine* Gedanken gehabt.
Ihr Gesicht fesselte seine Ankunftsblicke, er sah von ihrem

Körper so gut wie nichts. Das Vielversprechende lag wie ein Schleier über ihr. Es sollte unverletzt bleiben und durfte nicht durch ein einzelnes eingelöstes Versprechen beschädigt werden.

Ungepflegt, wie er war. Wechselte tagelang sein Hemd nicht. Aber dies Forschen, dies leuchtende Nachdenken … Oh, zuviel hat er bedacht und viel herausgefunden, mein Lionardo!

Sie fand noch eine Dido, frühes Stück von Christopher Marlowe. Zweiter Akt. Erste Begegnung. Dido mißbilligt die Kleidung des Flüchtlings aus Troja. Aeneas möge sich umziehen und einen schmucken Rock ihres (bis dahin) Ewiggeliebten, des verstorbenen Mannes, anziehen.

Gütiger Himmel, laß mich eine würdige, ununterlegene Verliererin sein!

Stimmungsschwankungen sind der Tyrann des Herzens. Auf sie hast du keinen Einfluß. Sie lassen dich denselben Menschen hassen und lieben. Dasselbe Leben kaum ertragen und haltlos verherrlichen. Sie sind das größte Risiko jeder Leidenschaft. Wenn ein Nein sich übernimmt, ein Ja an seiner Leichtigkeit zerbricht.

Der Mann vom Meer. Der Mann aus der Sage, nicht im Hiesigen zu Haus.
Wobei wir beide uns gern berauschten an seinem Geist, auch wenn ich im letzten Moment ihm *despektierlich* antwortete, kurz noch einmal abrückte von ihm, bevor ich dann ganz Auslage wurde, Angebot, und er, etwas wählerisch, von meinen bescheidenen Köstlichkeiten zu naschen begann.

Oh, er lädt mich ein, mich ganz allein auf der Welt, an seinem männlichen Begreifen teilzunehmen, an seiner männlichen Großzügigkeit, an seiner männlichen Gelassenheit und Wissenswärme … Lauter Eigenschaften, mir wesensfremd, aber es genügte, daß ich Interesse zeigte, und schon hatte er mich! Dieser verirrte Held, der einsame Regent, entfernt von seinem Volk, dem er unverzagt mit reicher Zunge etwas vorspricht, das es niemals vernehmen, geschweige denn beherzigen wird. Aber eine, mich, hat er sich gegriffen, gewiß nicht die einzige, die ihn bewundert, aber die einzige, wie er glaubt, die sich seiner paradoxen Natur, der Flüchtling und der Hochbegabte zu sein, bewußt ist: alle Talente des Gründers zu besitzen, Tatkraft und Planung; doch das Gefäß, das einzige, das all seine Gaben aufnehmen könnte, das Gefäß seines Volks, existiert nicht mehr.

Imago, die er noch nicht ist: Erzähler, der sich von seiner Verpuppung, der Sage, löst und schweigt und die Helden-Dichtung vergißt … Und sein Vergessen rinnt in Tränen die Wange herab, Pore um Pore … Seine fremde Stimme, und ich mit dem Gewicht einer Flaumfeder taumle in ihrem Hauch. »Oh!«, sagte ich. »Ich wende mich an dich, denn du sprichst zu mir wie zu einem Menschen, den man nicht so schnell vergessen will.«

Der erste Kuß. Abdruck einer Fährte. Ein Klumpen feuchter Erde oder Schnee, der an den Schalen eines Rotwilds haften blieb, beim Hetzen dann wieder abfiel.

Die Weiden und die Felder, mein langes Land, es gängelt mich, es ist Verführung ohne Ziel. Die Büsche, Seen und Ähren, lauter Stichworte auf dem Spickzettel von jemandem, der aus dem Reich des Unwahrscheinlichen hervortritt, um der preisgekrönten Wahrscheinlichkeit eine kleine Festrede zu halten.

In welchem Alter, fragte mein Fremder, bei welchem Erfahrungsstand hören Gastgeberinnen auf, zur Begrüßung ihre drucklose Kleinmädchenhand in eine feste zu legen? Er meinte, eine solche Hand habe früher bei Mädchen den Knicks begleitet.
Hab ich ihm je eine welke Hand gegeben?

2

Oder ist der Weg verlorengegangen? Vor uns liegt Gebüsch. War hier nie ein Weg oder ist hier noch nie jemand weitergegangen? Der Weg bricht ab – mitten im Weg. Haben wir den letzten Abzweig vielleicht übersehen? Gab es überhaupt Abzweige? Warum verläuft gerade hier die Trennung zwischen geebnetem, gewalztem und zuvor gerütteltem Untergrund und abrupter Wildnis? Warum sperrt sie den Weg ab und übernimmt ihn nicht noch ein Stück weit, so daß er allmählich ausliefe in Unkraut und Niederwuchs? Weil die Menschen immer nur bis an diese Grenze gegangen sind und heute noch gehen? Bequem und ohne zu ahnen, daß er jäh enden wird, beginnen sie ihn und nähern sich der Nahtlinie zwischen geschottertem, geglättetem Weg und unwegsamem Dickicht, stehen unversehens davor.
Ist es so?

Daß sich sein Stürzen zu einem Sinken mäßige, dazu wuchsen dem Menschen die sprachlichen Schwingen.

Da stand ich weiß enveloppiert, stand in einer mit schlechten Versen bekritzelten Männerhemdmanschette in Übergröße, die Brüste voll Milch und selber weiß wie Milch. Nur hin und wieder flammte ein Stirnrot auf. So sprach ich und verblieb mit dem Einen: »Du glaubst viel mehr, als du denkst.«

Getan, um zu vergessen; vergessen, um wieder zu tun.

Ein Befall von Weißung. Ich bin nicht mehr farbig, greifbar, meßbar ... Das alles ist mir genommen ... die Bleichung, zuviel Bleichung ... die entfärbenden Gewässer steigen, sie weißen die Bilder im Kopf ... Niemand da, der mich hinüberführte ... Nur kalter Bruch, Härte, steiler Schnitt, Fluh, kein Ruf, kein goldenes Winken von der Grenze drüben, kein Lösen, kein Verstehen ...

Wie sprechen und nicht tönen? Zunge ohne Getue. Vielleicht indem man vom Wichtigsten nur beiläufig spricht, fast genuschelt, das Wichtigste plötzlich nebenbei erwähnt, gerade so *eben noch* es ausspricht. Aber klar und festumrissen, nur damit der falsche Druck, den man gewöhnlich in die Sprache setzt, heraus ist.

Ach, es war leider nur *wie.* Wie als hätte der Himmel die Erde still geküsst – aber es durchfuhr mich als Seligkeitsstromstoß, verbrannte mich und ließ nichts als ein Häufchen Glück übrig, das ich nie hatte.

Sie schloß ihre Augen. Brautsegenweiß waren die Blüten, die hinter ihren Lidern zu sinken nicht aufhörten. Weiß wie ihre Zähne, weiß wie das Laken, das sie um die Hüfte schlang, den Schauplatz früher Rüpelspiele verbergend.

Der weiße Blütenfall des Lassens.
Aufgeben, das gibt.
Hände, aus denen Blüten rinnen,
Hände, die nur lassen, die nichts halten können.

In ihrem Glockenärmel schwebt noch Duft vom Abtrünnigen, und wenn sie am Ufer immer denselben Sand durch ihre Finger rieseln läßt, schnüffelt sie manchmal an Armen und Beinen noch etwas von ihm. »Aber ich bin allein«, sagt zum Schluß das Frau gewordene Liebestier und schreit schnell etwas in die Luft.

Bei aufgestütztem Ellbogen entblößte sein loser Hemdsärmel einen behaarten muskulösen Unterarm, und fleischige Finger kraulten das runde Kinn, am Handgelenk prangte eine Armbanduhr mit metallischem Zugband.
Wir werden uns nichts gemeinsam erschwiegen haben. Vielleicht werden wir uns auch nie etwas gesagt haben. *On n'aura pas eu parlé l'un à l'autre.* Lange war es unergiebig still, dann wurde es unergiebig laut.

Ich habe viele Freuden gekannt, auch Heiterkeit genug und Vernunft, aber ich weiß, wie auch jeder meiner spröden Verse und Poesiebrocken es weiß, daß unsere einzige Daseinsberechtigung in der Verlassenheit besteht. Wie das Haupt von einem Meeres-Koloß taucht übergroß der Schädel des Schamlosen auf über der Wellen-Wüste!

Der Migrant, so nenne ich ihn nach seinem Urbild, dem Trojaner, der angeblich auf Götter-Befehl seine Herzliebste verließ, um den Erfinder von Rom zu geben. Auch der meine war ein Irrfahrer, der seine Intelligenz in der Miene, Gebärde, in den Augen, Augenbrauen hatte, während ihm zugleich die größte Torheit aus schön sprechendem Mund schlüpfte.

»Ich habe seit langem keinen Menschen mehr gerne reden gehört«, waren meine ersten Worte an ihn, nachdem er mir vieles von seinem Land und seiner Flucht erzählt hatte.
»Ich ginge gern noch ein Stück weiter mit Ihnen. Es ist alles so, wie Sie sagen. Ich finde keinen Einwand. Ich finde einfach keinen.«
(Und ich dachte: Überleg einmal, wer von deinen Freunden hat eine Art zu sprechen, nach der du dich wirklich sehnst? Die wunderbar ist, bezwingend. Jeder in seiner Art spricht unschön. Es sei denn ein Schauspieler, so ein *trompe l'œil* von Mensch, auf der Bühne oder im Film, der kann manchmal etwas Begehrenswertes, so wie er spricht, hinzaubern.)

Irgendwo ist deine Sage schon, bist du erzählt vom Anfang bis zum Ende. Der fertigen Geschichte lebst du hinterher.

Zurückzucken ist ein verläßlicher Navigator. Sich sträuben bahnt den richtigen Weg.

Zu Tal! Zu Tal! Zur Mutter zurück und zu den Papierschiffchen aus Silberpapier, die sie so geschickt falten konnte. Und wie es mich freute, noch einmal die Kleine zu sein und wie ein Papierschiffchen zu schaukeln auf den sanften Wellen der beiden endlich Verständigten, Mutter und Kind.

Sprache nur, um zu deuten *himmelan* des Menschen Schritt, der Tiere Spur: aufwärts.

Ich las ein wißbegieriges Gedicht. Da quoll ein frisches Buch aus dem Bund des aufgeschlagenen.

Richard Kroninger schreibt mir, mein alter Romanistik-Lehrer:
»Es bleibt für den Leser ewig ungewiß, ob er das Schönste, das je geschrieben wurde, bereits gelesen hat oder ob es ihm noch bevorsteht oder ob er es vielleicht in seinem Leben niemals zu Gesicht bekommt.
Wahrscheinlich am ehesten fände man es in Gedichtbüchern, auch solchen unserer Gegenwart, seltener im Deutschen, wo man krampfhaft, als müßte man sich noch immer von Klopstock befreien, das Leichte verehrt, namentlich das Leichte, das schwer zu machen ist und dann doch nicht viel wiegt. Jedenfalls keine Zeile der Achmatowa aufwiegt, keine von Ekelöf, Bonnefoy, Gertrud Kolmar, Aigi – und Dir … Bevorzugt nicht mehr in Sold stehende Worte, Eluard. Worte der vollkommenen Sinnlichkeit, wie keine Haut, kein Körper sie je

erregen könnte. Worte, an die man sich lehnt, in sie verloren, wie an eine Mauer im Weinberg.«

Wenn schon allein, dann unter Vorbildern begraben.

3

Die Winteroblate reicht mir Saturn.
Schneewind aus Nordwest, Gestöber. Ist es vollzählig an Flocken wie angeblich der Himmel an Sternen? Wann ist je etwas vollzählig?

Verschwommene Glut im blaugrauen Schneehimmel. Wintersonne.
Da turnen die Vögel und hasten zwischen den Ästen und Sträuchern, als entzöge sich ihnen morgen die Welt, als verschlössen sich Baum und Wiese mit dicker Eiskruste.
Zu tausend heftigen Augenblicken hängen Schlüssel am großen Bund der Literatur. Doch keiner paßt, um die Pforte zur stillen Dauer zu öffnen.

Bruch Sturz Hagel Wetter Blitzschlag. Der Tag stürzt ein. Blinde Würfel sprengen über den Tisch. Mein Liebster ist um ein Hiersein verlegen. Wird gehalten im Zaum von Zäunen.

Laß mich nicht im Regen stehen! ... In der Not, im richtigen Ton ist Umgangssprache durch nichts zu überbieten: Laß mich nicht im Regen stehen! Ihre ernste Bitte, sobald er im Gespräch nur einen Schritt tat, sich umzudrehen, nicht einmal sich abzuwenden von ihr.

Zuletzt betreibt das Herz der Enttäuschten ein *downsizing* jener Stunden, die sie einst überwältigten. Es wird zur Verkleinerungsinstanz von Vorgängen, die es im Glück kaum fassen konnte.

Alles Neue wird schlafendes Altes wecken. Die Zeiten-Schaukel, die Gedächtniswaage. Der Grenz-Wein.

Ein wohlgesetztes Präteritum gehört in meinen Augen zum Verführerischsten, was die Kunst des Erzählens zu bieten hat. Die unwiderstehliche Vergangenheitsform, die den Leser das eigene Vergehen vergessen läßt.
Wer es vollkommen beherrscht, ist ein Seelengeleiter. Mein größter Kummer: Das, was war, regiert bei mir das Leben. Ich bekäme es niemals lupenrein in den Satz.

Wieder und wieder zu denken das noch Rohe, bisher nur roh Gedachte.

Wer denkt, gerät irgendwann unter die Fuchtel des Undenkbaren. Wer schreibt, tut es unterm Eishauch des Unbeschreiblichen.

Sie assimiliere sich ins Freie hinaus, gleiche sich jedem an, bis es niemanden mehr gibt, dem sie nicht gleich wäre. Im Ver-

hältnis dazu ist sich unterscheiden das Kobolzen eines Zwergs.
Dichterin. Empathie-Kranke. Zu jedem Mann spricht sie aus ihm heraus.

Sie befinde sich stets auf der Flucht vor tieferen Einsichten. Sie kenne die meisten, sie brächten nichts Neues. Tiefere Einsichten gibt es seit Menschengedenken. Sie lasse sich nicht von den Fumarolen erloschener Geistesvulkane die Sinne betäuben. Ein einziges bescheidenes Mal habe sie einer Schwäche nachgegeben und einigen tieferen Einsichten freien Lauf gelassen. Und was kam heraus dabei? Ein Haselnußparfait!

Wohin zerfällt das Gewissen, wohin das Wissen, der Wortwille, das Sagen? Zerfällt denn nicht alles zu einem neuen Gesicht? (Vielleicht zu einem, das mich sucht.)
Aufgelöst in den rauchigen herbstblühenden Abend, hinter den Wipfeln schäumt der Sonnenuntergangsfluß … Wie soll ich je wieder fest werden, was hält mich, daß ich nicht mit verschwimme?

Das Auflauschen in der Stille des Hauses. Der stockende Atem und ein Bewußtsein, das ebenfalls zu stocken beginnt. Dem es aber sogleich um das Stocken als Prinzip, um das Stockende an sich zu tun ist, die Idee von einer Macht wider die geölte Existenz.

In der gewundenen Knospe ist alles schon gesagt. Lang vor der Entfaltung der Blüte. Die rote Entblößung, die ruft. Das Rohe der Rose.

But one thing knows the flower; the flower is fair. Denn eines weiß die Blume, die Blume ist schön. Swinburne.
Auch ich habe meine Ehren-, meine Feier-, meine Gedenk-, meine Jubeltage, kaum zu glauben, wie? Sieht man mir gar nicht an.
Mag sein, ich besitze nicht die Kraft des Glaubens, sondern nur diese brennende Neugier zu wissen, wie alles durch Glauben auf einmal anders wär.

Wieviel Nichterlebtes erträgt der Mensch?

4

Vieles macht Freude. Ich hatte mich daran gewöhnt, jede meiner Freuden als unverständliche Botschaft eines größeren, fremden Daseins aufzufassen, das nicht meine Sprache sprach. Was heißt das nur?, fragte ich. Was wird mir da zuteil? Doch ich verging vor Glück, wenn die Frage blieb, was sie war, und sich lediglich dehnte und öffnete wie ein Blütenkelch.

Das Haus steht hell und warm und offen, nur Ankunft fehlt. Der Wind schwenkt die Tür. Seltsame Geborgenheit, die mich umfängt und belauert.

Jährlich zu Ende gehen; jährlich wieder aufleben.

Wir sahen zwei weiße Hörner, die hinter der Bleichgrenze des Meers hervorstanden, zwei schlohweiße Segel …
Ich sagte: »Wenn Gefahr droht … Es droht doch Gefahr, oder?«
Du: »Wenn ich's nur wüßte.«
Ich: »Das Schlimmste ist, wenn man nicht mehr mitbekommt, was in der Luft liegt. Wenn die Witterung versagt. Die Ahnung, das Vorgefühl. Mit dir nah bei mir erlahmt mein Ah-

nen … Wohin führst du mich?«
Du: »Ich führe dich nicht.«
Ich: »Wirst du bleiben?«
Du: »Es geht ja nicht.«

Fama heißt doch die Dämonin, die die Romanze zwischen Dido und Aeneas in Windeseile über den Erdkreis verbreitet.
Urahnin weltweiter Informationssysteme.
Sie war der erste Nachrichtensatellit.

Aeneis, 4. Buch, Vers 186–190:
»Tagsüber sitzt sie als Wächterin hoch auf dem Dache des Bürgers
oder auf stolzem Palast und schreckt die mächtigen Städte,
ganz so auf Trug und Verkehrtheit erpicht, wie Botin der Wahrheit.
Sie schwoll nun mit Gerücht und Gerede im Ohre der Völker,
kündete froh, was geschah, und erfand, was nimmer geschehen.«

Ovid, *Metamorphosen* Buch XII, 39–40:
»Fama selber erblickt, was irgend im Himmel, im Meere
Oder auf Erden geschieht, und forscht ringsum in dem Weltkreis.«

Vergessenes Warten. Eines Mannes Nimbus zu begreifen, der eigentlich sein Isolier-Kranz ist. Eines Mannes Rede zu verstehen, die nichts als eine einzige Ausrede ist. Ich, studierte Gesichtsleserin, Antlitzistin, ohne die gebotene Barmherzigkeit, behielt nur das Erkunden noch vom alten Auftrag. Dem flüchtigsten Zug von Heuchelei nachstellend. Klopfend an der Aura-Glocke, luftgleich und doch allseitig geschlossen. Von der das Licht abspringt wie prasselnder Regen, darunter das krähende Hirn auf seinem Mist. Die dichte Haube ist ihm über Leib und Seele gestülpt, dem Unempfänglichen, den du liebst, die Haube des Selbstseins und all der schlauen Rechnungen, die das Hirn ohne seinen Wirt, den Himmel, macht.

Es sind schreckliche Leute, denen das Abschiednehmen nicht zur Lebensform wurde. Und es werden schreckliche Zeiten sein, die kein Einstweh mehr kennen.

»Du bist ja nicht aus der Welt«, sagt man doch gern zum Abschied, wenn jemand fortzieht in eine fremde Stadt, ein fremdes Land. »Ich werde dich besuchen! Wir sehen uns wieder.« Doch wer fortgeht, weiß genau, daß das nur ein tröstliches Wort ist und daß er die Zurückbleibende nie wiedersehen wird. Man geht auseinander, das Leben zu Haus geht weiter wie bisher, und der, der fortgeht, richtet sich anderswo neu ein.

5

Tausende werden heute künstlich beatmet. Aber heißt das, daß niemand Hauch genug besäße, um ein Wort in die Sage zu führen? *Die Sagen, die der Erde sich entfernen/Vom Geiste, der gewesen ist und wiederkehret.* Hölderlin, Herbst.
Es ist nicht die Zeit für große Entwürfe; es ist die Zeit für das Verwerfen großer Entwürfe.

Ein Buch möge dachbildend wirken. Ein stabiler, nach beiden Seiten wasserabführender Einband bietet Schutz und Unterschlupf dem lesenden Kopf.
Schirmung, Schirmung – am Ende mochte sie nur noch unter Schwibbögen und Toreingängen verweilen.

Erinnerungen blieben nicht in ihrem Besitz, sondern wichen in einem steten Verrinnen von ihr. Tauchten nie ein zweites Mal auf, waren so unwiederbringlich wie die Tage, die Orte, die Menschen, denen sie galten. Blühzeit, sie gab es, als Gleichnis, Chiffre und Sage sich reichlich verbreiteten über Meere, Länder, Gärten, Liebesakte und selbst die Geschichte. Das war Blühzeit: zu wissen, daß kein Name auf Erden genügt, daß alles umbenannt werden will, daß Küsse nur Asche und Gärten nur Wüste sind.

Alles umbenennen!

Ich habe geschrieben rein aus Metaphernlust.
(Doch vieles ließest du in der Bosse stehen! Es blieb beim roh behauenen Satz.)
Chiffren, die Asyl gewähren den vor *Kommunikation* geflohenen Worten.

Glaubwürdig werden irgendwann am ehesten die Schreie aus den Klüften und Schluchten sein, aus denen die Abgestürzten der Sprache um die Hilfe der Worte flehen. Unartikuliertes ausstoßen, Unpassendes brüllen, aus Spalten und Rissen nur noch Getön.

Ein Hügel Abraum unter buckliger Plane. Hier lagern in Unordnung entsorgte Gleichnisse, auch die für sinnliche Freuden, aus der Mode gekommene Sinnbilder für das Liebes-Drunter-und-Drüber.

Meergott, farbloser Riese, der mit beißender Woge den Schlaf überfällt. Schläferin halbseitig schon Flut.

Aufflattern am Morgen, als sinke ein Vogelnetz (Träumefangnetz) über die Erwachende und sie sei im letzten Moment noch entflohen, aufgestiegen wie die Lerche hoch in die klare Verzweiflung.

Und wenn die Tage später eingeschränkt, dann gehen wir beide vom Haus beiseite in den kleinen Park und machen eine baumergebene Figur. Dann werden wir vielleicht zwei Buchen einverleibt, werden umgestaltet und verwandelt vom Herrn der Chiffren und Symbole.

Natürlich gab es auch seine Erregung, gab es seinen Zorn, seine Fassungslosigkeit. Er zuerst verkündete das Ende der Gemeinsamkeit, wie es seinem Plan entsprach. Er selbst wie am Boden zerstört, er spielte die Schmerzen nicht, täuschte zwar, aber täuschte nichts vor, sondern war es wirklich, war es noch einmal: ganz der Meine.
Doch das Andenken, das er hinterließ, es glich einem Amulett aus leicht oxydiertem, von Trübsinn geschwärztem Hochzeitssilber, und es diente mir erfolgreich zur Abwehr jeder trügerischen Erinnerung an den Mann.

Un cœur perfide. Der Mann mit dem schlechten Charakter.

Ich höre mich sagen: Komm her
und deck mich zu.
Neben mir dein Bett steht lange leer,
doch gibt es oft von deiner Stimme Widerhall.
Das leere Bett ist selbst mein nächtlicher
und schon mein halb umnachteter Gemahl,
wie's deine Rufe wiederholt, die Fragen und das zähe Ja.

Ich finde keine bessere Verwendung der seltsamen Floskel »nicht enden wollend« als für das Zwiegespräch.
Es hat mich auch an den flüchtigen Flüchtling gefesselt, mit dem es über Tage nicht enden wollte.
Zwei, die miteinander sprechen, weben und weben. »Man weiß nicht recht, worum es uns eigentlich geht? Worum ging es uns?« Nur darum vielleicht, ein unzerreißbares Textil herzustellen aus Worten zwischen dir und mir?

Sicher ist das Maß meiner Unwissenheit, des Mangels an Sachkenntnis auf fast jedem Gebiet an dem übertriebenen Drängen schuld, immerzu irgendetwas zu ermitteln im Gespräch. Er sagte wer-weiß-wie-oft: »Ich komme gleich darauf zu sprechen«, wenn ich wieder einmal mit einer Frage vorschnellte und ihm ins Wort fiel.

Man muß einmal das feinere Machwerk solcher Unterhaltung untersuchen – die verfängliche Beiläufigkeit gewisser Bemerkungen, die Frage der Zerstreutheit, den Riß des Aussetzens, das Verlieren des Gedankens, die Hoffnung, glaubwürdig zu sprechen, die schwindende Hoffnung … die Versuchung, völlig unzusammenhängend daherzureden … das Bestreben, einen ungeahnten Zusammenhang mit plötzlich gelöster Zunge aufzudecken, Erstaunen und Bedauern im fliegenden Wechsel, erregt zu sein und im nächsten Augenblick vollkommen ermattet.
»Ich liebe deinen gereizten Ton!«, sagte mein gnädiger Ungeduldiger, der dem zerlaufenden Inhalt meiner Rede nicht

länger folgte, aber die wohltuenden »Kraftvektoren« spürte, die ausgefallenen Wörter genoß ... »Wie wir miteinander reden! Nein, man höre sich das an, wie wir miteinander reden!«

Ab und an kam Genugtuung auf, die die Sehnsucht durchbohrt. Die den Traumstein zertrümmert, den wir gewöhnlich versuchten über den First des Tags zu rollen. Genugtuung, die alles Widrige zu feinem Gries zerrieb. Schwebgut Zufriedenheit, das dich umkreist und abschirmt gegen jedes Verlangen, jede Herausforderung.

Sollte ich je eine Geschichte erzählen, sie verlöre sich in einem fortwährenden Stimmungswechsel, und dieser Wechsel wäre das letzte, was sich noch bewegte im Stillstand des Vermissens. Schmerz und Verbitterung, Fluch und Zorn, Sehnsucht und Enttäuschung, Begehren und Aufbegehren.
Gleichwohl schlösse ich mit einer Art happy end. Zwei halb voneinander Abgewandte, sie und er, die das Bedürfnis verbindet, gemeinsam unschlüssig zu sein und zu bleiben. Die dabei seitlich aus dem Fenster sehen, um nichts zu sehen, nur damit der Blick ein wenig Auslauf hat. Aber mit wem wäre das möglich? Wieviele habe ich versucht, zur Unschlüssigkeit zu verführen! Am Ende faßten alle irgendeinen Beschluß.

Ach, daß man mir erzählte, einer Vergeßlichen, wie ich war, als ich drinnen war in dichter Schrift, und mit ihnen, den Tänzern, den Worten ... Ich habe mit den Lippen die Säume fremder Menschen berührt, wenn ich sprach, nicht mehr, nicht weniger. Ich konnte mich ihnen nicht anders verständlich machen. Ich wollte ihre Gegenwart ehren und benutzte ungewohnte Worte. Aber daß etwas Unverständliches ihnen so nahe kam, ließ sie schnell zurückweichen.

6

Antike Königinnen, allen voran die heldenhafte Artemisia von Halikarnassos, hatten alte Männer zu Begleitern und Gehilfen, auf die sie sich stützten, an die sie sich lehnten, in deren Haar sie sich krallten, während sie mit einer anderen Herrscherin stritten oder ihr schmeichelten. Und sobald sie geeignete Posen der Erregung brauchten, waren es die alten Männer, die ihnen Hände und Arme hochrissen oder ihren Kleidsaum über ihre faltige Grotte erhoben, um die Gegnerin zu verhöhnen. Andererseits schlangen die Königinnen ihren rechten Arm um den Hals eines Greises, wenn sie in Ruhe mit der Fremden sprechen wollten. Dann wieder knieten die Begleiter auf allen vieren, so daß ihr Rücken eine waagrechte Fläche bot, auf die die Herrscherinnen wie auf eine Tischplatte ihre Fäuste stemmten und einander beschimpften.

»Die Deutschen, die Deutschen!«, stöhnte der Migrant, »sie wittern immer die Asche in der Morgenluft! Es gibt in eurem Land den Tic, in allem Denken oder nur Denkbaren nach Spuren der ›jüngsten Vergangenheit‹ zu suchen.«
Er selbst ließe sich von keiner noch so jungen Vergangenheit dazu verführen, der älteren, fülligen, gut genährten den Laufpaß zu geben. »Je älter, um so begehrenswerter.«
Darauf ich: »Es gibt Ideen, von denen kehrt kein Denken heil zurück.«

Der Mann existiere, meinte er im selben Gespräch, eigentlich nur als Glosse zur Frau. Männliches übersetze radebrechend Weibliches. Er sei der Kommentar. Ich die dunkle Text-Stelle. (Die stammelnde Sibylle.)

Ich bin eher so etwas wie das geheime Pulver, ich fühl mich so, das man über verblaßte Texte streut, um sie wieder zum Vorschein zu bringen. So habe ich all mein Tun im Herauf-Holen ausgeführt. In Unselbständigkeit, mitredend, mitessend, mitatmend, mitschreiend und mitblutend, und dabei so ruhelos, als liefe am Ende alles auf einen Anfang hinaus.

Leicht fällt es der Herauf-Holerin zu sagen, was dem Ersten, der's sagte, fast die Zunge zerbrach.

… daß ich immer gewartet haben werde, unaufhörlich mich im Aufenthalt befand, auch wenn zeitweilig die Dichterin sich vordrängte, aufstieg, sich mehrmals heftig entsetzte, während ich-andere mich kaum einmal verwundert umsah, wenn ein hölzerner Mann mich von meiner Unlust erlösen wollte.

Man muß sich einmal vorstellen, daß die Wohnung, in der eine Frau so lange gelebt und vieles ertragen hat, daß die Wände, die sie umfingen, in der Nacht vor dem Auszug wie ein Geliebter mit allen Mitteln der Verführung die Treulose zu halten suchen.

Der Eine ging. Doch seine Sprache blieb. Sie steht wie eine Uhr unter Glassturz auf der Anrichte. Jedes seiner nachtönenden Worte beginnt mit der Floskel, die abbricht und von neuem dieselbe wird und die da lautet: *Um noch einmal darauf zurück-zukommen.* Und oft nicht zu wissen, auf was. Ohne irgendetwas Bestimmtes erwähnenswert zu finden. Nur *das* sagt jedes verbliebene Wort aus seinem Mund unterm Glassturz.

Kleine wie tonangebend erhobene Hand mit dem O, das Zeigefinger und Daumen formen. Das war ihm als Letztes von der Welt des Lobens geblieben, das stumme O in den Fingern, das so viel wie »Köstlich!« bedeutet.

Wir waren doch selbst einmal das hohe Feuer, das einen roten Schimmer über uns an die Grotten-Decke warf …
»Dido und der Troerfürst gelangen in dieselbe Höhle: Zuerst geben Tellus und die ehestiftende Iuno das Zeichen; Blitze zucken, der Aether flammt als Zeuge der Vermählung … Und nicht mehr denkt sie an heimliche Liebe: Sie spricht von Ehe.«
4. Buch, Vers 165–172

Jetzt scheint mir, die Flamme gleicht einer frechen Zunge, die mir das Versprechen, das bloß ein Versprecher war, herausstreckt.

Ich sah eine glückliche Frau mit herbem männlichen Gesicht, die »Damals ...« sagte und dann stockte, als hätte sie den Hebel der Erinnerung nicht richtig angesetzt. Sie verlor ihr festes Gedächtnis, sie schwieg, strömte dahin in vergangener Zeit, unfähig, einen einzelnen Vorfall festzuhalten oder Hauptsächliches von Kleinigkeiten zu unterscheiden.

Eingang zur Dunkelheit mit Rolltreppe abwärts. Einsamer Befugter, Arbeiter mit gelbem Schutzhelm, etwas watschelnd sein Gang, läßt sich abwärts tragen. Sonst alles düster und menschenlos. Unterwelt immer noch Baustelle.
Endlos sich fortsetzende Treppe, die eine Stufe nach der anderen gebiert, so daß man tiefer und tiefer fährt, ohne anzukommen.

7

Gertrud Vormweg, *Das Sichtbare, 2012*

Es werden erblinden die Vielen im Volk, die immerzu
täuschend Sichtbares sahen
und wie eine Seuche werden Kinder geboren mit
dunklem Gesicht
Fenster um Fenster taucht in die Erde
der Spiegel ergraut, und es verliert sich die
Schöngeschmückte
aus den Augen, den Kamm noch über dem Scheitel,
schon vor Mittag dämmert der Hügel
und im Haus wird lauter jeder einsame Laut.
Das große allen Gemeinsame tritt hervor aus dem
Schwinden
des einen vom anderen:
in ihrer Unsichtbarkeit trauen wieder viele einander.
Das vom Sehen erlöste Auge ist hart. Blind und hart
und weiß wie Marmor.

Krank wer? Wer sieht? Und was ist Seuche?
Blindheit oder das Sichtbare, das wir verdarben?
Bald ist den meisten erloschen der fragende Blick.
Bald sind die meisten Nachtgeborene
und Gott wird nicht ruhen mit ihrer Aussaat,
bis die künstlichen Schreine und Lichtwände nutzlos
verrotten.

Die neuen Assassinen, die Stahlaugenkrieger, ziehen
in den Städten umher und suchen den letzten Elenden
ihre
Seh-Pfützlein hinter den Brillen auszutreten und gräßlich
zu trocknen.
Unangefochten herrschen Gewalt
und der Bund der vom Sichtbaren erlösten Augen.
Der nun tilgt grausam den letzten Schimmer unter der
Stirn,
bis alle Täuschung vorbei ist, reißt mit den Augen-
wurzeln das falsche Bild heraus.
So bleibt für lange die nächtliche Welt laut und voll
räumenden Tastens.

Doch jede Aussaat Gottes trägt in sich die
umspringende
Spore. Daher wächst auch das innere lichtlose Reich nur,
bis es IHM wohlgefällt, einen ersten Sehendgeborenen
auszusetzen: in die neue schmerzende Klarheit der
sichtbaren Welt.
Mit seiner Ankunft und seinem Martyrium,
das niemand bemerkt,
beginnt nun die Wiedereröffnung des Auges,
mit seinem Erstlings-Staunen, stärker als Stahl,
zerstößt er die Kugel der Blindheit,
der in dünnen Rinnsalen entweichen
die Sekrete der Finsternis.

*

Ich bemerke, daß Männer, denen ich begegne, mit geheimen Kräften des Entwendens auf mich wirken. Jeder benimmt mir was. Sie stehlen meine Aufrichtigkeit. Sie klauen meine Wollust. Keiner gibt. Sie plündern mein Wesen, rauben mir Kühle, Geschäftstüchtigkeit und Sangesfreude. Ich bin unglücklich von Natur, ein von außen mir zustoßendes Unglück wird es immer schwer haben, sich dagegen zu behaupten.

Er hatte noch nie von der Jakobsleiter gehört. Er wußte nicht, was das ist. Er phantasierte, es müsse sich um eine Galgenleiter handeln, die zu einem himmelhoch Gehenkten namens Jakob führe. So hoch droben der Delinquent, damit er, wenn vom Strick geschnitten, unendlich lange in die Tiefe saust.

Metamorphosen sind Allesvertilger. Sie fressen sich durch die Verse, durch die Geschichte, durch den Körper einer Frau. Nichts behält eine verläßliche Gestalt.

Wie Zähne schlehe werden vom Genuß herber Früchte, ähnlich ist meine Haut stumpf geworden vom Abrieb unliebbarer Männer.

Was wäre denn nicht Krypta? Jeder Schädel ein Gewölbe, darin Undenkbares bestattet liegt.

Wie kam's ihn an, der Schüchternen Hochzeit zu bieten? Sie schrak zur Seite wie ein Hund, dem man auf die Pfote tritt.

Leid ist immer unzeitgemäß. Leid ist schwer, tief, ist immer uralt.
Geliebter! *Sehen* diese Augen auch, mit denen du sprichst?

Ich meinte, er lüge, rufe, lobe, bekenne, beschwöre, doch das war nur: er beschäftigte sich mit Worten, wie andere mit Münzen klimpern in der Hosentasche. Ein Geräusch der Verlegenheit.

Ich selbst bin ich erst, wenn ich einem anderen die Fremdeste bin.

Alle meine Wege waren Abwege.
Eine Fliege weht die Asche seiner letzten Zigaretten aus der Schale.

Der Mannhafte – wer wär's?
»Wenn du das weißt«, sagt bei Jean Giono der Schuster-Vater zu seinem Sohn Jean le Bleu, »wenn du weißt, wie man Wunden löscht, wie die Könige von Frankreich, die Aussätzige mit den Fingern berührten und heilten, und wenn du weißt, was Dichtung und Weisheit ist, dann – dann wirst du ein Mann sein.«

Garrotte der Einsamkeit. Metallband, das dir die Gurgel zerdrückt.

Der Gang der Vereinzelung läßt eine Frau Figur gewinnen. Einsamkeit betont ihre Formen. Nun steht sie isoliert, frei von Umständen und Rücksichten, ihr Körper verliert die verschwommene Kontur, die im Verkehr unter Leuten, beim Wenden vom einen zum andern entsteht. Sie ist allein und ragt hervor. Einsamkeit ist das Fortgenommene, mit dem die Kunst des Bildhauers die Skulptur formt. Auch für eine, die schreibt, ist Einsamkeit ein Kapital; kann sein, ein vom Tod vorgestrecktes.

Immer mal wieder mit zwei flachen Händen die Schläfen entlang, das Haar glättend, manchmal bei gebeugter Stirn beide Hände im Nacken falten, warum? Weil etwas nicht zu durchdringen, nicht zu fassen ist. Also es nicht durchdringen, es nicht fassen – und dennoch ruhig sitzen bleiben.

Die Schreibgebeugte an kleinem Tisch flickt die Risse im Gedicht ... Strebsame Dichterin, umlagert von SoSoNaja-Sagern, verbissenen Das-Sagen-haben-Wollenden. Heftigen Unterstreichern und Klammer-auf-Sic-Ausrufezeichen-Klammer-zu-Setzern. Deren Schriften ... pah! Das sind ja nur Übertragungen eines heftigen Kopfnickens, mit dem sie die Schriften anderer Leute verkasematuckeln. Verlängerungen, Unterstreichungen, dicke, mit Ausrufezeichen am Rand, doppelte Unterstreichungen von anderer Leute wohlgebildeten Sätzen. Der Mit-Denker als Mitesser. Etwas für den Komedonenquetscher.

Ein Teil von uns ist das Rätsel, ein Teil sind die Gründe, ein Teil ist das Verdammte. Das an dir Verurteilte spricht immer mit.

Das Weltwissen, aufbewahrt in einem Fingerhut.
So verdichtet's sich ganz ohne Dichterin.

Was geflissentlich von den Dingen sich mitteilt, kann ich nicht nennen. Was am auffälligsten von seinem Namen träumt, ruft ihn in mir nicht hervor. Ich weiß nicht, wie das Muster des Tuchs heißt, ich weiß nicht, wie die Gestalt des Wohnblocks heißt. Erst von Namen verlassen, dann von Wegen, dann von den Dingen selbst.
Mit meinen Zeilen nehme ich dir nichts und tu dir kein Unrecht, du mein Ferner. Noch mehr Rot und freies Orange kommt über den Abend und noch mehr Silber in den glitzernden Bergquell, wenn es dir genannt wird.

In einem kleinen Gartenpavillon steht ein verwunderter Mann, der einmal ein Dichter war, erlosch und dann ein Grübler wurde. Wie leicht bleibt man doch im Nachsinnen stecken!

Ein hellhöriger Dichter, von einem starken Gedanken beiseite genommen, ins Gebet genommen, so daß er dessen scharfen Einflüsterungen wehrlos erliegt. Er wünscht sich wohl, es hätte ihn niemals ein solch herrschsüchtiger Gedanke ins Vertrauen gezogen.

Ist das schon Leib oder immer noch Rinde? Bis wohin reicht die magere schwarze Schrift?
Ganz am Ende des Schrifttums stünde der, der von tausend Büchern, es langsam aufsagend, nichts als das Alphabet behielte. Der sich einzig des Buchstabierens wirklich mächtig fühlte.

Die Augen gehen nach, diese Uhr der Frage. Ach, wenn sie stehenbliebe! Bald wird sie stehenbleiben. Und die erschrockene Stirn lauscht einem fernen Geröll.

Sie hätte, was sie vom Gesicht oder Auge des Migranten je sagte, nie sagen dürfen. Sie hätte nichts an ihm, kein Teil geradeheraus beim Namen nennen dürfen. Ihr gemäß wäre eine Sprache des gesenkten Lids, der schonenden Chiffre gewesen.

Mein Schlaf vor den Pforten der Sprache. Ein zerknülltes Papier, von zuckenden Winden herumgestoßen. Oder die Schatten der Dampfbäuche, Wolken, die über die Wiesen fliehen.

Der eine heißt Nach-Dir, die andere heißt Vor-Mir. Aber Sie – Er? Da fehlt doch das rettende g, Sie-g-er! … Wer?

Wann je sprach unsere Sprache
so dringend das Unerlöste der Sprache?

Denken nurmehr als Gedenken.

Das schockierende Lernen: Von ihm zu lernen reißt dich aus allen Kostümen, die Erfahrung dir lieh. Heruntergerissen vom Lernen die Kleider, in denen du stolz einhergingst. Nackt stehst du, tanzt im Wind, schlankes Bündel Wißbegier, Gedächtnis – ach, um wieviel inniger noch müßte Erinnerung sein!

Den Kummer etwas sagen zu lassen ist, als wollte man ein Pferd zum Sprechen bringen. Der Kummer stottert, brüllt und murmelt nicht. Er liegt wie eine feuerverachtende Kastanie auf der Schamotte zwischen zwei Aschenhügeln, die einmal feste Brüste waren.

Ist es nicht so, daß unsere alles aussprechende Sprache mehr und mehr die Sehnsucht nährt nach der Hieroglyphe? Nach einer Chiffre, einem Zeichen der Geheimhaltung. Wenn einst die Hieroglyphe Macht über die Dinge und Wesen besaß, die sie bezeichnete, dann muß wohl die poetische Chiffre an Zauber noch zulegen.

Morgen versenk ich meinen teuren Wortschatz. Das erste Boot trägt ihn hinaus auf See. Nach Kriegsende (Kapitulation der *Kommunikation*) werde ich ihn wieder heben.

Viele Jahre ließ sie das Gefühl nicht los, kurz vor einem Durchbruch zu stehen.
Dem Durchbruch einer stärkeren Begabung, einer großen Freude, einer neuen Schreiblust, einer unterdrückten Herzensgüte, einer betörenden Weisheit – nun, sie fühlte sich immer nahe dem Durchbruch einer besseren Lebensart. Doch der einzige Durchbruch, der ihr tatsächlich geschah, war der plötzliche Durchbruch von Verlassenheit.

Sie blieb im Grunde eine Eckensteherin der Gegenwartskünste. Sie sah sich verständig an, was alle Welt von Bedeutung fand, und hielt nachdenklich-neugierig den Zeigefinger an die Unterlippe, als wartete sie darauf, aus ihrem Verstehen endlich klug zu werden.
»Das alles ist es nicht«, sagte sie sich. »Es ist insgesamt nur interessant. Aber was ist es, das jenseits des Interessanten dir zu tun aufgegeben ist?«
Sie ahnte, daß sie dies nur durch eigene Arbeit herausfinden könne, und machte sich auf den Weg der Widerlegungen. Tatsächlich brachte sie bald etwas Neuartiges hervor, zeigte ihr

Können, doch ein um das andere Mal mußte sie auch von den eigenen Arbeiten bekennen: »Nein, das ist es nicht, was ich suche.«

Sie ließ nicht nach, ihre Chiffren wurden immer zugeknöpfter, ihre Sprache immer spröder, ohne daß sie je das Gefühl erlangte, ihre Aufgabe erfüllt zu haben. Vieles stellte sie her, machte sie fertig, doch vollendet war nichts.

8

Nun geht sie, zündelrote Lacktropfen fallen von den gespreizten Fingern. Quasten mit Puder glühen auf den Fliesen.

Sie fürchtet, wo immer sie geht und steht, mit ihren Kleidern Feuer zu fangen.
»Es sind überall Leute unterwegs, die einen anzünden wollen.«

Kythera und Toteninsel
sowie der Charme einer milden Verwechslung von beiden.
Denn hier wie dort sah man auf den Himmel herab.

Zurückgeblieben allein auf Aphrodites Eiland, im Exil der verzauberten Sprache, die all den Badeschaumgeborenen widerlich sein muß, weil sie nur ein elitäres Gezücht erkennen, das den Anspruch des Unmitteilbaren erhebt.

Der männliche Mann, dem eine Frau im Vorübergehen das sexuelle Etwas von der Stirn wischt.

Sie empfindet ein Unwohlsein nicht ihres Körpers, sondern ein Unwohlsein ihres Charakters. Das ist wie der Leerschlag, den seines Glückes Schmied setzt zwischen zwei Schlägen, die das Werkstück formen.

Nur Sprache, die glüht, kann geschmiedet werden.

Meine Nabelschau betrachtet den bräunlichen Abschlußwirbel der seligen Unselbständigkeit. Ein Knoten, der die Seele daran hindert, auszubrechen in ein unbelebtes Gelände.

Leide und meide. Im Vermeiden eine Championikin. Ich habe mehr sein gelassen als ein Ungeborenes.

Der erste, zufällige Drang zu schreiten schafft eine innere Einrichtung, die den Drang zu schreiten in Abständen erneuert. Wir schreiten einen Kreis aus und haben bereits einen Regelkreis geschaffen, ein Steuerteil, das von Mal zu Mal das Bedürfnis weckt, im Kreis zu gehen.

Gäbe es unter den Worten eines, das wie die Rose wär unter den Blumen, so stünde beherzt alles Drumherumreden still.

Augenblicke von Allentfallenheit, absolute Entbilderung, gestohlene Herzensgüte, geplünderter Brustkorb.

Geh auf jeden, der dir gefällt, so zu, als hättest du ihn mit einem Bekannten verwechselt. Gewinne ihn dir mit Hilfe der Aufklärung des Irrtums.

Ich denke oft, wie es ist, mitten auf der Straße geohrfeigt zu werden. Sei es, daß mich jemand verwechselt, sei es, daß er mich erkannte. Dieses plötzliche aus der Blickbahn Gehauenwerden des Kopfs, wenn die schlagende Hand auf die Wange trifft. Diese Wucht eines jähen Erduldens beschäftigt mich mehr als jedes andere Vorausgefühl.

Das große und schlimme Vielleicht. Vielleicht habe ich mal mit diesem Mann zu Abend gegessen. Ich kannte ihn. Vielleicht nur mit ihm gesprochen? Der Mann ist mir bekannt. Ich seh ihn vor mir. Aber stand er je vor mir? Vielleicht kannte ich ihn nur vom Hörensagen. Aber vom Hörensagen kenn ich ihn so gut, daß ich mir einbilde, ich hätte mal mit ihm zu Abend gegessen.

Es gelingt nicht, neben Warten und Suche ein drittes Existenzial zu finden. Also schrieb ich in der Einleitung zu Gertrud Vormwegs (meinen) Regen-Gedichten:
»Es gibt das Warten und es gibt die Suche. Anders kann sich

der Mensch nicht zu seinem Raum verhalten. Entweder er bleibt an seinem Ort und wartet, bis alles vorüber ist. Oder er geht hinaus und sucht, bis alles verschwunden ist.«

Tatsächlich herrscht im UNTEREN Saal die reine Finsternis. Nur SIE mit dem mondweiß leuchtenden Schlüsselbein erhellt die gästeleere Tafel mit hundert halb abgegessenen Tellern.
Sie sagt: »In aller Verschwinden – ich.«

Die Sieben Zurschaustellungen ihrer Blöße: die volle Lippe, die schlanken Hände, die starken Brüste, die leichte Hüfte, der runde Hintern, die empfindliche Grotte, die langen Beine. Und morgen: die schlechten Zähne, die gichtigen Finger, die entmutigten Brüste, die spitzen Beckenknochen, die trockene Grotte, die Schenkeldellen, die Wasserbeine.

Alle Probleme zu früh gelöst. Man hätte sich bei jeder Angelegenheit, die sich aufdrängte, die nach Urteil und Lösung rief, viel länger aufhalten müssen. Man hätte viel länger *unschlüssig* bleiben sollen! Man hätte das an ihr Unbegreifliche entdecken und nicht gleich abweisen sollen.
Wer war man denn groß? Eine Tauschhändlerin von Erwartung in Erinnerung. Nur ein Umschlagplatz von zweierlei unerfüllter Zeit.

Das Maß seiner Taille bewahrt mein Arm, der sie fest umschloß. Das Nie-Wieder ist sicher verzehrender als das Noch-Nicht, an das ich meine Jugend vergab. Der ist es *noch nicht,* den ich suche, hieß es da über einen nach dem anderen. Aber der nun fortging, der *war* es, den ich suchte.

Ein wenig tiefer zurückgekehrt als nur von nebenan, steht sie vor der verlassenen Couch, der unbegreiflichen. Sie überblickt das Möbel in ganzer Länge, von links nach rechts, die leere Fläche. Von der Kälte seiner Abwesenheit beschlägt die Pupille. Als sie sieht, daß die Kuhle auf dem weichen Leder gut erhalten blieb, nach Wochen noch, durchzuckt es ihren Leib, der *eben noch,* dort, *eben noch* den Mann ins Polster drückte. Und wiederum ermißt sie ihrer beider Verschwundensein, nochmals von links nach rechts es überblickend. Wie ein Rind auf abgegraster Weide steht sie nichts begreifend vor der leeren Raufe.

Als sie von ihren Qualen einer fremden Frau erzählte, antwortete die: »Aber meine Qualen erreichst du nicht. So schön ich bin – und dann das …« Sie öffnete ihre Lippen, und eine überlange Zunge rutschte heraus. Hinter dem eigentlichen Zungenkörper befand sich ein muskulöser Fleischstrang und schob den ganzen Lecker, wie es in der Jägersprache heißt, bis tief unters Kinn herab.

Darauf Elissa, als ob sie den realen Schreckensanblick mit der Vision eines noch größeren Schreckens überbieten wollte:

»Wir leben stürzend. Umstürzend, tief hinabstürzend, grundstürzend. Weißt du das?! Wir tun einen Sturz unser Lebtag. Es ist Sturz, nichts als Sturz, wie wir hier stehen und gehen. Verstehst du? Ich will sagen: Egal, ob einer sitzt, steht oder sich paart, wir sehen ihn in jeder Haltung kopfüber in die Tiefe sausen. Sausesturz, Atemsturz, Niederfahrt, Nacht und Nieder, tief unten, Finsternis, bis auf ein sachtes Grubenlicht.«

»Es geht nicht wieder aufwärts, sondern geradewegs in die Tiefe?«

»Du verstehst mich. Es geht niemals vorwärts, es geht nicht geradeaus, nicht aufwärts, sondern abwärts.«

»Das ist eine Vision.«

»Sehr gut. Du verstehst mich.«

9

Sie ging mit dem Aufmarsch torkelnder Fackeln.
Sie schmiegte sich an bei windschiefen Männern.
Sie hatte der Beobachtung von Unseligen mehr Zeit gewidmet als dem Sternenzelt.

Es ist das Gedränge des Beliebigen, welches Liebe gebiert. So wie der reine Herzton erst aus der Überlagerung vieler liebloser Frequenzen sich durchsetzt. Ja, es ist der Wirrwarr der Unsicherheit, aus dem schließlich die eine Gewißheit hervorgeht. Immer ist das Viele Voraussetzung für das Eine.
›Konzentriere dich auf das Wesentliche!‹ – aber man begegnet ihm nur im Getümmel des Unwesentlichen. Mitten im Spiel der Neuigkeiten fallen die Würfel zu einem alten Glück. So wie nur der Kranke wirklich etwas von der Gesundheit weiß, so erkennt allein der im Überfluß Hausende, daran fast Erstickende die Qualität der Bescheidung. Hätte man je einen Armen von der Bescheidung schwärmen hören?

Hörst du, Flüchtling? Die Dichterin ist da, um dir zu helfen, dich umzudrehen. Zurückzublicken. Was ziemlich ungewohnt ist für deine Brust-raus-vorwärts-Flucht. Was du erst lernen mußt. Zurückblicken. Wofür es ja, wie man weiß, auch berühmte Verbote gibt. Die Dichterin gibt dir wertvolle Anleitungen, damit auch du etwas siehst, wenn du zurückblickst, das dir bleibt. Nicht wieder entschwindet. *Vom Geiste, der gewesen ist und wiederkehret.*

Dem Maß meiner Zeilen entspricht das Messen der Dido bei ihrer Landnahme. Entsprechend der höhnischen Anweisung des Numiderkönigs sollte die Fläche des Gebiets, das sie mit ihrem Gefolge besiedeln durfte, den Umfang einer Kuhhaut nicht überschreiten. Also schnitt sie die Kuhhaut in unzählige feine Streifen (Zeilen!) und legte damit die Grenzen des Terrains fest, auf dem sie Karthago gründete.
Also zerschnitt ich den stolzen Roman, den ich mit dem Migranten hatte, in unzählige schmale Zeilen und steckte damit das Reich ab, auf dem ich meine Verlassenheit gründete.

10

Einmal im Bett sucht man in immer tieferes Gebettetsein zu sinken.

Es ist nicht so, daß man zu jeder beliebigen Stunde etwas begreifen könnte. Man steckt in zerbrechlichsten Hüllen, in hauchdünn gläserner Wachheit. Kein Greifen nach einem Gegenstand, einer Geschichte, einem Menschen ist möglich, ohne daß tausend Splitter fliegen.

Wenn der Sprache geraubt wird, was sie aussagt, ist eine Harpyie am Werk.
Sie beschmutzt das Ausgesagte mit ihren Ausscheidungen und macht es unkenntlich. Nicht anders tat sie's mit den Mahlzeiten des Flüchtlings aus Troja. Sie machte sie ungenießbar.
Das Gute verzehrt sich selbst und scheidet Böses aus.

»Ich bin ein zunes Püppchen in des Fremden Auge.«
Eine Frau, die keine Kinder bekam und jeden Mann mit dem Ausruf begrüßte: »Ich sage dir eins: ich bin die große Unfruchtbare, das mußt du wissen.« Und täglich stärker glänzte ihr Haar, wenn sie's mit gespreizten Fingern strählte.

Was ich mir sage, so wie ich's sage, könnte auch in vielen Briefen stehen, die in der Ferne den Abgewandten an der Schulter packen und wenden möchten, damit er noch einmal nach mir sähe.
Wie hatte sie tagelang an der Postbox gehangen! Auf die erlösende E-Mail gewartet. Und seine Mitteilungs-Bekenntnis-Nuditäten-Kruditäten gefürchtet. Ist er nicht immer schon ein Mailheld-Maulheld gewesen?
»Keine neuen Nachrichten.« Das Gerät runtergefahren. Minuten später wieder rauf. Jetzt könnte, jetzt müßte er endlich geschrieben haben! … Keine neuen Nachrichten. Outlook Express. Expressive Aussichtslosigkeit.

Eine Zeitlang dachte ich: Was soll ich ihm zum Abschied schenken? Wer ist er? Wer bin ich ihm? Was könnte ihm Freude machen? Könnte er sich überhaupt freuen über etwas, das ich ihm schenke? Der ganze Mensch wurde mir zweifelhaft, je länger ich nach dem passenden Geschenk für ihn suchte. Was könnte er gebrauchen, nur er? Etwas, das *ich* bestimmt nicht gebrauchen könnte, das nicht so aussieht, als schenkte ich's mir selber?

Der Reichtum, ein Gag. Im Blitzlichtgewitter der gemachte Mann. Die ruhmgesteuerte Armbewegung, die vielgeübte Halswende, die begnadete Lippenöffnung.
Schauspieler! Schauspieler überall, Memorierende! Statt frei heraus zu sprechen.

Die Welt ist mir zu erwachsen. Nichts steckt mehr in Kinderschuhen.

Klima, Chaos, Virus und Weltende … Das große Ganze verdirbt den Verstand.

Und der letzte der vertriebenen Götter wandte sich noch einmal um und fragte den Menschen:
»Wer aber wird um dich die Götter sammeln,
Daß du das Leben findest, das du suchst?«
(Gilgamesch, 11. Tafel, Vers 196 f.)

Was zurückblieb, war ein Fries verklumpter, zusammengewachsener, verpuppter Menschen. Wie auch anders? Ohne Gott keine Trennschärfe zwischen den Menschen, sondern ein fortschreitendes Überlappen, ein Ineinanderwuchern bis zur Gestaltlosigkeit und Unbeweglichkeit.

Die Abwartenden und die Erwartenden; da stehen sie Rücken an Rücken und haben nichts miteinander gemein.

Welch ein Mangel an Umkehr! Infolge welchen Mangels an wahrgenommenem Abgrund!

Nichts Neues? Das kann es nicht geben. So wenig, wie es *kein* Wetter geben kann. Irgendein Wetter gibt es immer. Irgendetwas ist neu an jedem Tag.
Auch das bisher Übersehene, wenn es sein listiges Haupt erhebt, wird im Glanz des Neuen stehen.

Vermutlich wird auch mein trojanischer Wirbelwind irgendwo enden als ein flacher Puster über der häuslichen Suppe.

Da standen die drei Engel des Voran. »Nie wieder Erinnerung!«, riefen sie. Im Halbschlaf dachte Elissa, als wäre sie ihre Zofe: Wie sie kleiden? Wie sehen sie aus, die uns in ein ewiges Vorwärts treiben? Sie zog ihnen glatte männliche Hemden an, schneeweiß und mit verdeckter Knopfleiste. Hüftabwärts dunkle weit fallende Hosen, knöchellang, darunter barfuß. Aber die Haare! Die Haare waren feine Goldfäden, und die Frisur glich der Siegfrieds in Fritz Langs Film, feste, zurückgekämmte Locken.

Ihr Blick, der an der Türklinke hängenbleibt, befangen in der Erwartung, daß sie gleich sich senke und der Beste, der bestmögliche Mensch hereintrete!

Das Erwarten überdauert den Eintritt des Erwarteten.

In der kalten Nacht kam ein Wanderer, trug eine alte fellgefütterte Motorradmütze mit Ohrenklappen, über der Stirn ein Kranz von weißem Lammfell. Ich bereitete ihm eine Liege. Er sprach nicht viel. Erkundigte sich nach dem Weg, den er am nächsten Morgen zeitig nach A. fortsetzen wollte. Wir teilten das Zimmer. Ich schlief wieder ein. Der vertrauenswürdige Gast verschränkte die Arme hinter dem Kopf und hielt noch lange die Augen offen.

11

Fortgesetzte Erklärung der Liebe.

Er: Wenn ich du wäre …
Sie: Bist du doch. Mehr geht nicht.

Zu Beginn jeder Stunde die bange Frage: Wird sie schon unerträglich sein?
Und nach Ablauf der Stunde: Schlimm war sie, unerträglich noch nicht.

Wiederbeginnen! Wieder beginnen! Wie gegen einen unverrückbaren Schrank stemmt sie sich mit aller Kraft gegen das Nimmermehr.

Das Wenige wollen, das wenige wollen.
Ich dachte: Welch einen Abschied nahmst du vom Kindertraum Zirkus Jahrmarkt Zaubergarten! Mit deiner Entscheidung für das Spärliche. Mit deiner Kapitulation vor dem Vielen Bunten Bizarren. Als wäre das Zurückweichen vor der Fülle nicht ebenso eine Bizarrerie! Bizarr wie die eine Hagere zwischen einem Dutzend Fellini-Üppigen!

Schneller Zulauf dem Auto ihrer Eltern entsprungener Kinder, denen die Betrübte ein Dorn im Auge ist. Bälger, die alle etwas an ihr auszusetzen haben. Mit Worten, aber auch mit Kopfnuß und In-die-Kniekehlen-Treten. Knopf-Abreißen und An-der-Nase-Ziehen. Eine Meute, die sich nur zu dem Zweck gebildet hatte, ihr mit einem Piesacken zuzusetzen, wie sie es seit ihren Kindertagen nicht mehr kannte.

Was ist nicht alles manchmal und ist weder oft noch nie noch immer! Zum Beispiel, daß einem derselbe Mensch manchmal ebenso nah wie unerreichbar ist. Manchmal neben dir geht und steht, als sei er dir seit langem verloren.
Manchmal umkreist man einander hellwach, manchmal steht man sich im Weg. Manchmal genügt das Abrutschen eines Trägers von einer nackten Schulter und das lautlose Fallen eines Unterkleids, worauf sie, immer noch aufgerichtet, das linke Bein hebt und knickt, sich in der Hüfte leicht zur Seite biegt, um einen Schuh von der Ferse zu schelfen … Nicht Schwester, nicht Freundin, nicht Herrin, nicht Hexe, nicht Norne … nicht Erzählerin, nicht Schlafwandlerin … doch *manchmal* eine jede von diesen.

Nicht daß das Kommende nicht käme. Aber es ist dann längst nicht mehr das, was heiß erwartet wurde. Manchmal geht ja nichts über die bloße Ankündigung, und was dann eintritt, tatsächlich passiert, na ja, sieh an, sagt man sich, hätte mehr sein können. Macht nicht viel von sich her. Bleibt weit hinter den Erwartungen zurück. Die Gegenwart von irgendwas, das mal das Kommende war, wirkt in der Regel enttäuschend.

Der winzige Warzenknoten in meinem rechten innersten Augeninneneck hat ihn gestört.

Da saß ich mit geschlossenen Beinen auf dem steinernen Sitz, das Kleid über den Knien zugeknöpft, und hoffte, daß etwas Gutes mir aus der Erde in die Füße steige, von den Knien ins Geschlecht und ins Herz hinauf und dann in den Kopf, um dort ein Andenken zu werden.

Es müßte ein Engel mir einflüstern, was ich da erlebt habe. Ich selbst bring's nicht mehr zusammen. Womöglich käme auch der Bote mir wunderlich vor. Sein höchstes Begehren, gab er zu, sei nun mal, als Engel auf den Köpfen der Menschen zu tanzen. Den Fußspitzen eines unerhörten, weit überlegenen Geistes einen Tanzboden zu bieten, nur dafür seien die Menschen-Köpfe da. Aber brächte das die lang ersehnte Heiterkeit, die alle Wolken vertreibt? Der Bote ließ es »dahingestellt«.

Daß der Granatapfel versteinert, der Hibiskus kandiert, die Zitrone waschpulverweiß wird, die Biene tschilpt, das Efeublatt ein Spiegelein, die Treppe ein Baum und der Baum eine Treppe werden und das Dach meines Hauses über einen Dichter kommt, der das alles wieder in Ordnung bringt!

12

Heute nacht, ich lag im Schlaf, und er kam – in einem Kinder-Triumphwagen, einem Spielzeug-Vehikel des Siegs fuhr er vor mein Lager, umarmte mich väterlich, küßte mich, und ich war sein. Im Finsteren also gab es ein Wiedersehen mit meinem Migranten, dem Herrn der Abwesenheit. Wir waren verabredet »wie damals«, so sagten wir, wie das letzte Mal zur Hochzeit, zur Nacht in der Grotte, und zuvor das frohe Gelage, wie damals. Die starke Welle der Erinnerung erhob mich, und ich genoß einen ergiebigen Überschwang. Einer von uns sagte: »Die sperrige Zeit zwischen uns, nun zerkleinert und fügsam gemacht. Frische Streu, auf der wir uns wälzen und nicht schonen werden.«

So wurde ich zur Stümperin des Gedenkens. Nicht eine einzige Erzählung, wie es wirklich war, gelang mir. Ein Anflug von wahrheitsgetreuer Erinnerung – und schon mischt sich das bittere Vermissen ein und fälscht sie.

Unruhige Füße des Mannes, doch weit entfernt von dem einen, dem wundstillenden Schritt: Umkehr.
Schließlich soll sie stundenlang an ihrem Gartentor gewartet haben, ob der Verborgene nicht doch wieder auftaucht. In der Hoffnung, daß ihre Schrift Magie genug besäße, ihn übers

Meer zu ziehen, ihn aus der Ferne herbeizulocken. Aber niemand kam. Niemanden zogen ihre »Geheimpapiere« an, niemand suchte ihr seine Aufwartung zu machen. Sie war für niemanden eine.

Die Birnen-, die Pflaumen-, die Apfelblüten erhellen blaß den Weg. Wie gern trüge ich eine Blütenfackel jetzt zu unserer Grotte! Heute in diesem Frühlingswerweiß.

Ich versuche zu verstehen, weshalb mir, was ich liebe, sein Gesicht, immer lieber, immer heller wird und dann unfaßbar hell mich blendet. Früher war ich fest davon überzeugt, daß vor der Gewissenhaftigkeit meiner Gefühle männliche Tücke keine Chance hätte. Daß vor meiner Klarheit den Unaufrichtigen die Hintergedanken niederfielen wie Herbstlaub. Nicht zuletzt diese trügerische Selbsteinschätzung führte dazu, daß ich zu keinem Mann ein tieferes Zutrauen gewann als gerade zu dem, der sich der festlichen Begegnung am wenigsten würdig erwies, ja der mich letztlich vollendet getäuscht hatte.

Nie auf eines Mannes Glatze je meine offene Hand gelegt. Der Mangel, im Leben dies oder jenes nie berührt zu haben, wandelt sich mit den Jahren zu einem Heißhunger, es einmal zu tun.

Zuweilen dachte sie an die ältere Guermantes, die auf einmal aufhörte, geistreich zu sein. Und wie manche Schriftsteller das Herannahen ihrer Verdunkelung spüren und ihr Talent verlieren. Alles weitere in der *Wiedergefundenen Zeit*.

Aber bitte, sieh doch; ich habe nichts getan seither, als meine Tage verbracht. Oder sagt man besser: dahingebracht? Wahrscheinlich habe ich doch eher etwas weg – von mir weggetragen. Oder sollte ich sagen: Ich habe mich abgetragen? Abtragungen, Erosionen, welche die Sturzbäche der vielen Stimmen hinterließen, die über mich kamen nach dem Abschied. Tiefe Kerben, Schründe, Risse, Furchen. Auch Schultern, Schenkel, Grotte abgetragen von den Stimmen. Ich habe abgenommen von den Stimmen. Den strengen und den süßen, den wissenden und den dunklen, den rebellischen und den zahmen – alle zerklüfteten mich.

13

Kommt noch was? Bei Lanzberg wirst du noch ein-, zweimal den im Rücken der Alteingesessenen kramenden, nach verlegten Bestecken stöbernden Bruder Gustav treffen, und er wird immer mehr dem Bild entsprechen, das du seit jeher von ihm hattest. Aus dem verträumten Kind wurde der schußlige Mann. Aber daß du selbst in fremden Küchen stehst und neue Speisen kochst? Vorbei. Nie wieder.

»So hatte sich auch das erübrigt.« Refrain einer Lebensgeschichte, in der Gustav vornehmlich von seinen Versäumnissen erzählt, von Terminen, die er verfallen ließ, von wichtigen Verabredungen, die er verpaßte, von Einladungen, deren Datum er verwechselte, von Bahnverbindungen, die nicht zum Ziel führten, ganz zu schweigen von den vielen vergeblich auf ihn wartenden Menschen – so daß er alles in allem ein Dasein der unverrichteten Dinge führte.
»Aber wer täte das nicht?«

Im übrigen ein Mann, der das Sonderbare, das jedem an ihm auffällt, gerne selbst zu erläutern, sacht beim Namen zu nennen sucht und darüber noch sonderbarer wird.

Die längste Zeit sei sie kopflos zwischen zwei Alarmglocken hin- und hergerannt. Schwieg eine Weile das Mißtrauen, so schellte die Begierde. Ruhte sie vorübergehend, so ratterten die Signale des Argwohns. Nur selten fand sie den Tiefschlaf der Gleichgültigkeit.

Wer bin ich kolportiert? Was gibt es von mir zu erzählen? Was mag der Hauswart seiner neuen Freundin von der blöden Verlassenen berichten? Bedenke jedoch: Wer sich nicht selbst erforscht, wird lange leben. (So Teiresias bei Ovid.) Du sei dir selber stumm, deine Existenz wie der Stein, der, in einen See geworfen, immer weitere, immer schwächere Kreise bewegt.

Lauter unhandliches Zeug. Lauter kleine Undinge. Wie etwas, das beim Basteln danebenging, so daß es zu nichts zu verwenden ist und untereinander sich niemals zu etwas Nützlichem ergänzt. Es waren keine Teile oder Trümmer, die von einem zerschlagenen Ganzen zurückgeblieben wären. Es waren absichtlich so hergestellte, *absolut* unnütze Dinge … Sie umgaben unsere Melancholia, den schiefen, niederhockenden Engel, es war *seine* Materie. Dinge der vollkommenen Unwirklichkeit. Ein Schuh stand da, scheinbar eine einfache Holzpantine, doch ausgerüstet mit einer scharfen Klinge unter der Sohle wie ein Hobel. Ach, so unbrauchbar wie nichts auf der Welt!

Vielleicht wird es uns bald genügen, in Zerbrochenem herumzustaksen.
Wir werden *jetzt und hier* in einem ausgegrabenen Zeitalter leben. Jeden Tag einige Fossilien aus dem Digitalium aufsammeln. Das tägliche Zeug, Überreste einer versunkenen Kultur. Was geschieht, ist längst Vergangenes. Hier ein versteinertes Handy, dort ein mit Wurzeln umhülltes Tätowierset. Gegenwart erlebbar nur als untergegangene Gegenwart. Gabe und Habe, sie will täglich neu gesichtet sein, verzeichnet und sortiert. Morgens fährt einjeder im breiten offenen Schienenwagen zur Ausgrabungsstätte seines Arbeitsplatzes.

Reglosigkeit in den Armen der Bäume, Massenarmen, die weder Ehrgeiz noch Faulheit kennen. Weder Aufstieg noch Fall. Nichts im Blattwerk der Buchen und Sträucher als absolute Windstille. Bis plötzlich unterm Liguster drei Rebhühner aufstieben, das Jähe selbst, ausgelöst von einem Schritt.
Weiter dann auf Traktorspuren durchs Rapsfeld. Unter allen Raubvögeln zeigt allein der Rotmilan eine zutrauliche Neugier für die einsame Gängerin und zieht seine Schleifen über ihrem Kopf. Der über ihr wird sogar den Schorf auf ihrem Scheitel erkennen. Wie er das Häuptchen senkt und sie besieht, die gerade ihr Alleinstellungsmerkmal durch menschenleere Flure führt. Hier geht sie ihre Runden, geht sie ihre Warteschleife in den Tag, während die Tage selber langsam schon zur Landung niedergehen.

14

Wenn man zum Beispiel in einem großen unmöblierten Raum sitzt wie Sie jetzt in meinem Sessel, die Arme über die Lehnen hängen läßt und ein junger Mann ist, der schwitzt, und ihm gegenüber jemand wie ich, die annimmt, der Mann langweile sich, weil er keine einzige Frage stellt, was tue ich dann? Nun, ich lasse die Sache auf sich beruhen. Gut, denke ich, dann soll es eben so sein: Langweilen wir uns!

Bitte, helfen Sie mir!
Wobei?
Das weiß ich nicht. Ich brauche Hilfe an sich.

Seine Verlassene blieb ich auch in den Armen eines anderen und eines nächsten anderen.

Und einmal einer, der vor ihrer Schönheit weint. Nackt sitzt sie mit aufgestütztem Arm am Tisch, die Schläfe an die Fingerspitzen der gespreizten rechten Hand gelehnt, und lächelt ein wenig darüber, daß ihre Blöße ihn rührt wie ein sentimentales Gedicht. Daß er nur schaut, und schon fließen die Tränen. Für ihn sitzt sie wie ein Modell, bei dem der Künstler, von Formlust überwältigt, bereits das endgültige Werk vor

Augen hat. Er könnte da und dort noch etwas richten, könnte, was er ihren »himmlischen Rücken« nennt, die harmonische Modulation von Schulterblatt zu Rückgratrinne, mit den Händen nachfahren. Könnte alles an ihr genau ermessen und ins Verhältnis setzen. Doch sie erweicht sein Herz, erschüttert ihn geradezu: eine Erscheinung, eine Idealgestalt.

Kaum war die Rührung abgeklungen, zeigte er ein anderes Temperament. Nun war er ein unentwegt strahlender, ein vom puren Dasein hingerissener Mensch, der nicht Atem genug besaß, zu loben und zu schwärmen, zu begrüßen und zu verklären und immer noch eins draufzusatteln! Er meinte: Nichts, was es lediglich zu beschmunzeln gäbe, brächte das Leben! Man müsse sich auf Schritt und Tritt überaus glücklich schätzen. Er sei ein Mann, der nie und nirgends skeptisch wäre. Er empfinde eine beständige Furcht vor der jähen Ernüchterung. Vor dem Fallbeil des eiskalten Anblicks der Dinge, der ihm den Kopf, den hochgestimmten, kosten würde. Sein Schwärmen sei sein einziger Schutz vor dem Todesurteil der brutalen Tatsächlichkeit, die Leute wie ihn sprachlos machen wolle.

Darauf saß er still vor Elissas Leib, beugte den Kopf zu ihrem Bauch und hörte in sie hinein, saß ein wenig gekauert wie die Deutschen in den Kriegsjahren vor ihrem Volksempfänger, wenn sie den feindlichen Sender hörten. In ähnlicher Krümmung nun er. Er verfolgte das Glucksen in ihren Eingeweiden und wie die Luftkugeln ihren kullernden Lauf nahmen.

Noch möchte sie ein paar Runden drehen und verläßt die Liebes-Arena nicht, unbeirrt von Schwester und Bruder, die sie zurückrufen in die Familie. Unterwegs trifft sie ein Kapuzenmännlein, am Fuß der Friedhofsmauer hockt es, und gleich steht für sie fest: Das muß der unterste Mechaniker am Getriebe meines Mißglückens sein. Maschinenkobold, der den Motor drosselt und die Kessel runterfährt. Die Kukulle fällt, ein Kind schaut raus. Ein Kind also, der zynische Einflüsterer, ein Kind! Spottgeist und Verrufer, ein Kind! Das ihr Leben zu losem Dahingestreutsein verdarb.
»He! Düsteres Balg! War das dein ganzer Zweck und Dienst?« Ein loses Leben, ein ständig in Auflösung befindliches, ein zerstreut nicht nur, ein dahingestreut verbrachtes, an ein Dahingestreutsein vergebenes. Das nachmals grob nur, wie Max und Moritz zeigen, in gröbsten Umrissen von Körnern, »eine Person« gewesen ist.

Sie, die mit allen Fasern ihrer Lust an Verlorenem hängt, die Verlorenes aus jeder frisch geküßten Lippe saugt, das Blut von Verlorenem in Transfusionen zum Leben braucht, Verlorenheitsblut. Damals-Lamia, die jedes Glück-*jetzt* belächelt, um ja ihr Glück-*einst* nicht zu schmälern.

Des Verschwundenen zartes Nachscheinen. Anmut der *vollendeten* Person, Person, die nur aus Ende besteht.

So wurde ich, wie niemand wollte, daß ich würde. Das Seelchen und der Scharlatan.
Sanft verscheinen, ins Unscheinbare zurücktreten und das Bewußtsein verlieren, jemals gesehen worden zu sein.

»Und was machen Sie sonst so um diese Zeit?«, fragt die Frau des Provinznotars ihre Pariser Bekanntschaft, einen Schriftsteller. »Nun, Madame, ich fahre in den ›Bois‹, um ein wenig zu spazieren.«
»Gut«, sagt sie, »fahren wir in den ›Bois‹ und spazieren gemeinsam.«
In Maupassants *Pariser Abenteuer* geht es weiter mit solchen Fragen einer Frau, der neuen an seiner Seite, die nun alle Stunden in der Gemeinsamkeit verbringen will.
Anders eine junge Frau heute mit neuer Bekanntschaft im Park. Eine Unverwirrbare mit ernstem Gesicht und strengem Ehrgeiz. Scharfgeschnittenes Profil, Körper ohne Hügel und Buchten. Sachkundige fragt leisen Phantasten.
»Was haben Sie eben gesagt?! Können Sie's mir noch einmal wiederholen? Umschreiben, verdeutlichen … Ich faß es nicht. Wie war das? ›Ich – lie-be – Sie‹?«

Hier ist alles bereit, um es noch einmal zu tun.
Die Geschiedene, die es danach verlangt, wiederum hinab in die Hochzeitshöhle zu steigen, wird von großer Helligkeit, die in ihrem Rücken aufstrahlt, angehalten – sie dreht sich um wie jemand, der unverhofft beim Namen gerufen wird, und blickt mit frohem Gesicht in den Glanz.

Zwar stand ich vom Donner gerührt, doch konnt ich nicht mit Donner erwidern.
Auch wenn ich beim ersten Anblick den Vers nicht aussprechen konnte, weil meine Stimme noch zu fest und herrisch war, um sich den Worten des Vergil anzuschmiegen und sie ins dunkle Fassungslose verschwingen zu lassen. Ich sagte gleichwohl, was er sagte: »Wie ich dich sah, wie ich verging!« Und fügte noch eigene schwache Worte hinzu, aber dem Sinne nach von: »Ut me malus abstulit error!« Wie schlug mich heilloser Irrwahn. 8. Ekloge 41. Vers.

Wir nach uns immer noch wir.
Nur daß jetzt alles schwer und schwerer zu bewältigen ist. Die Zeit besteht aus einer einzigen immerzu quellenden Pause. Zäheste Dehnung. Dies hier ist das Nachleben schlechthin. Ich schreibe einen Liebesbrief an den, der mich von überall sieht. An das Du. Den Du. Den Du-Schänder. Das Du-Tier. Du-Gott. Jenes urvertraute und jenes vollkommen fremde Du.

Die Hochzeit kam ungeahnt und ließ die Ballade der Müdigkeit verstummen.
Das feste Datum aller Tage: ihre Hochzeit in der Grotte. Sie nahm ihren Lauf, ohne jemals zu enden.

Unter der Kühle der Absprachen Tollheit. Rufe, darin Not und Freude ununterscheidbar.
Wer legte nicht vor dem Entsetzlichen beide Hände auf sein

Gesicht? Und weiß doch, in der Medusen-Sekunde werden seine Hände ein Gesicht aus Stein bedecken.

Gefesselt, an seinen Pflock gefesselt, ist man zu Haus. Fähig immerhin, Verletzungen zu ertragen, von Pfeilen durchbohrt zu Haus. Letztlich ist man überzeugt, daß auch der Tod nur eine weitere Verletzung sein wird, eine Wunde, die dann *anderswo* heilt.

Die endlose Reihe Bettlägriger, die der letzten Gehenden die übelsten Verwünschungen nachrufen.

Geburt eines höheren Augenblicks aus der Kreuzung zweier Zeiten. Begegnung eines Maulwurfs, der Erdepochen durchgrub, mit einer Schwalbe, die unter die drückende Luft taucht, den blinden Wühler flüchtig streift, bevor sie endgültig in die reine Unbesonnenheit aufsteigt.

Nicht denkbar, daß die Bachstelze – irgendein Tier überhaupt? – etwas vom Wetter erführe mit einem Blick zum Himmel.

Himmel? Abzugshaube für den Dunst unserer noch immer schwelenden Körper. Auch die Flamme, bevor sie erlischt, zuckt noch einmal groß empor.

In einer genauen Wende zwischen Faß- und Laßkraft bringt die Umarmung den Überschwang.
Tiefer sank ich im Glück mit keinem.

Die Gefangenen treten aus den Häusern und Ämtern, wo sie so lange unerkannt im Dunklen lebten, treten hinaus auf eine helle leere Bühne. Sie handeln nicht ... sie kommen ins Freie, ans Licht wie die Gefangenen im *Fidelio*. Und Freiheit gewährt ihnen die Bühne. »Nur hier, nur hier ist Leben.«

Gassenszene mit gebeugten Mädchen, alle wie unter Schock, wie nach einer schweren Beleidigung fassungslos. Die Mädchen lehnen an der Hauswand mit aufgestütztem Ellenbogen oder drücken den Mund in die offene Hand, manchmal etwas beiseite stammelnd zu einer anderen Angelehnten. Auf einmal heben alle horchend den Kopf ...
Eine Stimme näherte sich von weit, kaum hörbar, eine unbekannte Stimme, deren Verlauten, obwohl noch fern, die Städter ihre Ohren spitzen ließ. Eine Stimme, die mitten im geschäftigen Trubel plötzlich von allen vernommen ward, und je behutsamer ihr Sprechen, um so mehr Vernehmen erregte es, so daß auf den Straßen mehr und mehr lauschgierige Menschen sich sammelten. Bis gegen Abend, leise und goldgrün wie ein Paradieskäfer, die Stimme, nun deutlich vernommen, Einzug hielt in der mäuschenstillen Stadt.

15

Rauch, Schimmer und das Fernrot der sinkenden Dämmerung; ein schwaches Widerlicht gibt der See; die krumme Helligkeit langer Pfützen im Bruch. Am Himmel ein Schaum von Rot und Blau mit einem funkelnden Abendstern an der zelthöchsten Stelle, das mächtigste engste glühendste Licht, an dessen Fäden die ganze schwere Dunkelheit hängt.

Rot ist des Menschen Hintergrund, Rot die Farbe, in die er getaucht ist; ob Blut, ob Liebe, ob Hölle – das Unentrinnbare ist rot.

Schlimm ist das dringende Sich-Anvertrauen. Wie mit dem Kopf durch die Wand, so will mancher Mund ins Herz hinein. Das aber sträubt sich gegen zuviel Anvertrauen und tut es beiseite wie ein halb ausgepacktes Geschenk, das man in den Schrank räumt, ohne es angesehen zu haben, nur weil man dem Geber nicht traut.

Horche, doch höre nicht. Écoute, mais n'entends pas. (René Char)
Vergib dein offenes Ohr. Doch sondere, sortiere, verstehe nicht. Sei nicht verständigt.

Wenig! Weniger! Du Allerwenigste! Die Wenig-Frau muß noch das Wenige, das sie bezeugen kann, um sich selbst verringern.
In meiner Minderung, in meiner nochmals und wiederum geminderten Minderung.

Statt Brand mit Reißen, Brechen, Lohe und Geruch nur das Flackern wilder Widerscheine. Und alles flackert. Wir sitzen um den kalten Widerschein von einem großen Feuer.

Welch leichter Zugang zu etwas über Generationen hin Geheimgehaltenem! Überall auffliegende Türen – doch wo eine letzte verbotene Pforte?

In einem französischen Wörterbuch, das sie ihm überlassen hatte, steckte noch ein Foto, das sie vor oder während eines Vergnügens einmal gemacht hatte. Ein Polaroidfoto zeigte einen jungen Mann mit triumphierendem Geschlecht, an das die Fotografin ihr schwarzes samtenes Haarband gehängt hatte. Eine der üblichen Schlüpfrigkeiten, an denen sie wie viele andere in ihren früheren Jahren Gefallen fand. Das Foto aber schockierte den Flüchtling, und es wurde ihr prompt mit einem Abschiedsbrief zurückgegeben, darin das Halsband nun »die Trauerschleife« hieß.

Eine Zeitlang amüsierte sie ein liebeseifriger Junge, der dauernd vorpreschte und etwas verkündete, was ihm schneidend wichtig erschien (von fern dem Trofimov im *Kirschgarten* verwandt). Doch statt soziale Forderungen zu verkünden, stellte er Tag und Nacht die planetarische Frage. Wie überleben auf der Erde? Jemand Junges und Heftiges, der plötzlich aufglühte und dann wieder in zwanghafte Hemmung verfiel, in düsteres Nichts starrte und vor jedem Schritt entmutigt zurückfiel auf seinen Sitz. Den es schließlich vor den eigenen Überzeugungen ekelte, obgleich er sie nicht loswurde. Bald zog er wieder davon. Und ward nie wieder gesehen in Elissatown.

Diese Frau wäre ich gern, die ihren Liebesverderber noch einmal zu fassen kriegt, die mit ihm handgreiflich wird, ihn beim Schlafittchen packt und mit erhobenem Kinn Drohungen ins Gesicht stößt. Kümmere dich um deinen eigenen Gordischen Knoten. Und wehe, du zerschlägst ihn. Wir benötigen das heile Tau. Knüpf es auf, knüpfe, löse, entwirr es. Um unseren Wettstreit zu beenden. Lach nicht. Ich habe bisher versäumt, gegen dich das Tau zu ziehen. Du weißt ja nichts von meinen Kräften! Jetzt habe ich etwas vor. Jetzt brauch ich den Wettkampf und den Sieg und brauche viel Geld.

Nachts schrecke ich – mir ist: in letzter Sekunde – vor einem endgültigen Verstummen aus dem Schlaf. Es droht mir der Rausschmiß aus der Sprache. Das Vertreibungsgeflüster enthält immer dieselbe Botschaft: Du mußt deine Worte verlieren und alle Bindungen lösen. Dann erst kannst du dich von neuem bewähren. Vertreibungsgeflüster, begleitet von einem Gewimmel von Gesichtern, überdeutlich gesehen, und menschlichen Haltungen vor allem der Abgewandtheit, dazu das mokante Staunen des Migranten über mein zerstörtes Deutsch. Und als er mich fragte: »Tanzen wir?«, sagte ich: »Mir liegt so viel Sand gehäuft auf den Füßen, ich kann meinen Standort nicht mehr erkennen.«

Gesichter … Chiffren, die schwer zu entschlüsseln sind! Im tiefsten undeutbar! Jeden Menschen verschließt ein anonymes Siegel, das keinen Orden, keinen Adel, keine Ahnen, keine Zugehörigkeit aufruft. Jeder sein eigenes Wappentier. Das Individuum. Ein Individuum ist nichts als ein dichter Verschnitt von allgemeinen Eigenschaften, das Unverwechselbare nur eine Cuvée von vielerlei Typischem. Aber wie sieht er aus, der äußere Verschluß des Typenverschnitts?

Ja, es ist das Gesicht! Das Gesicht ist das Wappen, das von jedem seine Bestimmung, sein Selbstbewußtsein nach außen bekannt gibt, ohne daß es für andere auf Anhieb und eindeutig lesbar wäre.

Was kann aber ein rätselnder Mann? Rätselt an Frauen und Blumen herum, an Taten, Werken und Preisen. Er wird nicht klug aus dem, was er sieht – was da ist.

Im übrigen bleibt's bei dem banalen Spruch, den ich in schlaflosen Stunden über ihm kreisen ließ und der nun wie ein Meteorit auf seine Neugründung herniedersausen möge: Gesetzt, es gäb 'ne bessere Welt, gäb's noch längst nicht einen einzigen besseren Menschen.

Man kann im Bauch zerbrechlicher Gefäße immer noch wütend denken, wütend atmen – jedoch feststeckend, verirrt, wie die Taube mit eingeklemmten Flügeln im Schornsteinrohr, sie ist ihre Wut los.
Die Taube auf dem Schornsteinrand strauchelte im Wind, stürzte in den Rohrschacht, sank, flatterte, verendete, verweste während des Sommers im Rußfang unten im Keller. Ihr Gefieder fegte noch den Abzug; unter Ruß liegt sie begraben. Der Schachtsturz – das grausamste aller Sturztraumbilder.

Gemessen am Tod verläuft jedes Leben ereignislos.

Immer dieselben paar Brocken Leben, die im Wirbel des Flusses kreisen, auf- und abtauchen. Das Beste habe ich an Tischen erlebt, den Kopf in die Hand gestützt, die Augen schirmend. Oder den Busen über die Tischkante und über die gefalteten Hände gelegt, die Ellbogen abgespreizt, mein Gegenüber begreifend oder beredend. Das war es eben: immer ein Gegenüber.

Nun saßen sie aber nebeneinander auf einer Bank. Seine Körperspannung wurde ihr bedrohlich. Elissa nahm das Ausweglose an und sagte müde: »Ja, werde nur gewalttätig. Vielleicht hilft es uns.«

Er rüttelt sie. Sie sagt: Rüttle mich nicht.
Er würgt sie. Sie sagt: Würg mich nicht.
Er beugt sie zu Boden. Sie sagt: Beug mich nicht.
Er reißt an ihr. Sie sagt: Reiß nicht an mir.
Er verrenkt ihr den Arm. Sie sagt: Verrenk mich nicht.
Er stößt sie vorwärts. Sie sagt: Stoß mich nicht.

Da sie aber unversehrt blieb und beide in Frieden auseinandergingen, trat sie Stunden später in sein Zimmer, um noch einmal sein Gesicht zu sehen.
»Ich hatte eine solche Sehnsucht nach deinem Gesicht. Die Augen, der Mund. Deine kraftvollen Augen, dein gewölbter Mund. Ich kam, nur um dein Gesicht zu sehen, vor dem ich *eben noch* wie vor keinem anderen Furcht empfand.«

Unter die selbst schon geduckte Lampe geduckt, mit Sage und Schreibe befaßt, die außerhalb dieses matten Lichtkegels kaum sich erhalten werden.

Beim Verlassen der Sprache bitte die Tür hinter sich schließen!

Die Sprache … die Sprache, die ist es nicht mehr … die kann's nicht mehr sagen. Sie selbst kann's nicht sagen, daß sie's nicht mehr ist, die's Sagen hat. Aber wer wird es dann sagen?

16

Zurück zum Rufen. Lang anhaltendes Rufen vom Turm, die Stimme trägt nun über große Entfernung. Verständigung ohne Verstärker in schallenden Worten. Nach Art der Ruferin vom Dach auf Otto Wagners Wienzeilenhaus. Andere rufen einander zu von Ufer zu Ufer. Ein Bogen der Rufe spannt sich über den Fluß. Weite Abstände überwindet die natürliche Stimme dank des schallverstärkenden Äthers. Die neue Luft! Von Dächern rufen sich Glückliche zum Wiedersehen.

Ich bin das Velum über dem Mann, den ich liebe, flackernd im Wind. Das Segel bin ich vorm Narrenkahn, der durch die Woge der Menge schneidet.
Dido aber sagte zu ihrer Schwester Anna (nachdem Aeneas sämtliche Schiffe für seine Abreise rekrutierte): »Ich laufe zum Hafen. Ich muß ihm hinterher.«
Darauf Anna: »Es gibt kein Schiff mehr.«
Dido: »Dann mach ich mir mit Wachs Flügel wie Ikarus. Über seiner Flotte schwebe ich in der Sonne. Und wenn das Wachs geschmolzen ist, falle ich hinab in seine Arme.«

Dann säß ich zur Nacht auf seinem Schiffsdeck bei einer Kerze, die im Tontopf flackert. Stetig geht es an der Küste entlang, wir sind noch nicht einmal dort, wo Didos Kindheit begann.

So dunkel der Dunst, so nass der Rauch, daß im Nebel die Grenze zum Wasser verschwindet. Muschelleichenfeld, von kreischenden Möwen gefleddert, in den Dämmer gesät, Deponie aus einem warmen, späten Meer. So unheimlich verhüllt liegt jetzt der Weg seiner Flucht, daß du in dieser Muschelwüste mitverwüstest; daß du, was du auch siehst und denkst, zwischen Strand und Düne mitversandest.

Gelähmte im Licht, ein Deut ist die Zypresse, ein dunkler Fingerzeig. Aufrecht steht sie vor dem in Ohnmacht sinkenden Morgen. Niederwuchs, Pelz auf karstiger Landzunge, dem Meer streckt das Land die Zunge raus. Taubenlast auf den dünnen Wipfeln, Neuzugänge im Gurre-Chor.

Man kann es einfach nicht mehr unterscheiden, das Auge sieht nicht fein genug, das Lehmgraugrün des Himmelmeereserdestreifens, die eine runde dunkle Linie, Trauerbord des Horizonts, drei Elemente zu einem Rand vernäht.
Zwei Hörner, die hinter der Bleichgrenze des Meers hervorstehen, zwei hohe milchweiße Segel … Und ich habe nichts geahnt! Ungreifbarer, mehr Phantom kann ja ein Ding nicht sein als dieses sein Nebelschiff.

Träg und müd die Wellen der Brandung, gleichwohl jede ein tätiges Wesen. Hier kannst du erkennen, wie die Idee des Sklaven sich erhob aus dem rollenden Meer und aus diesem wiederum die Idee der Riesenwelle, des grauen Barts, der einmal sich erheben wird, furchtbar über den Zwingherrn und sein Schiff niederbrechend.

Hier habe ich dem nachgeschaut, der mich erschaute. Sagt Hagar, die Magd, Gen 16,13. Da ich mich erst im Entschwinden des anderen erkannt sah, erst als ich ihm in den Rücken blickte.

Mein Rücken birgt das Schlangennest der Wege, die ich kam. Die Biester wühlen bis unters Genick. Das Hand-, Knie-, Schulterzittern, einzige Bewegung in dieser starren Aufrichtung aus Fleisch und Knochen. Das gemauerte Warten. Das Dastehen, stehenssatt. Immer, auch wenn alle Kleidung, aller Schmuck abgefallen ist, gibt es noch die tiefen Ringe unter den Augen, die du nicht abstreifen kannst.

Sie hebt die Arme, entblößt das nasse Achselhaar. Sie wühlt mit der Zunge im Mund. Sie trägt einen Schurz aus leeren, aufgerissenen Zementtüten um ihre Hüfte.
»Du mußt vorsichtig sein, Flüchtling aus meinen Armen! Migrant, Davonziehender, Abwanderer! Heute nacht ist große Gefahr. Es könnten alle Segel auf den Weltmeeren gleichzeitig reißen, plötzlich von oben nach unten.«

Einem, nur einem bin ich gefolgt. Mitten im Dickicht ließ er mich stehen. Eines Mannes Rufen ging ich nach. Durch ihn hindurch zog die Ferne auch an mir. Ihm über die Schulter zu sehen, stand ich auf Zehenspitzen und sah hinaus und sah weithin dasselbe wie er. Nur ihn sah ich nie. Die Augen hatte ich mir zugefeiert, von innen her, von Glücks wegen. Die Welt ist da und klare Wirklichkeit – die fürchterliche Täuschung beginnt erst von Angesicht zu Angesicht.

Mein Fluch über den Flüchtling: Wo immer er unter ein scharfes Licht tritt, soll ihm zumute sein, als stünde er im Verhör, vom Scheinwerfer geblendet, und zwanghaft soll er mit seinem Geständnis beginnen und sich zum Verrat an unserer Hochzeit bekennen. Sobald nur zufällig irgendwo ein Lichtkegel ihn trifft, kann er nicht anders, muß er gestehen.

Das Etmal der Liebe – die vom Mittag mit der einen bis zum Mittag mit der anderen zurückgelegte Meeresstrecke.

Wenn ich den Migranten beim Arm faßte, fragte das Fühlen: Soll dies ein Knochen sein, der zerbrechen könnte wie jeder andere? Soll dies ein Knochen sein, der eines Tages, in magere Haut gehüllt, beim Lieben nichts als Mitleid erregt? Erbarmen, Ehrfurcht, tiefe Anhänglichkeit?
Irgendwann wird man dringend wissen wollen, wie Leben sich anfühlte, was das mal war, bevor es ein einzig Zittern und Stöhnen wurde.

Der Flüchtling: Was sagst du?
Die Gastfreie: Ich habe nichts gesagt, als dich »Flüchtling« gerufen.
Der Flüchtling: Meinen Namen … Meinen Namen kennst du nicht?
Die Gastfreie: Ich habe dich gerufen. Das ist dein Name. Sprich keinen anderen aus.

Das Schiff legt ab vom Kai des Erlebten, entfernt sich vom erschöpfend Erlebten. Und ich stehe am Bug im Wind der Abfahrt und empfinde die Schmach, ohne Lied davonzuziehen.

Mir war, als hätte ein Traum mich leer und unverständig gemacht, alles ausgeräumt in mir, was das sichere Meine war. Und dann kam ein großer Seevogel, der die Abgestürzte aus den Fluten rettete und in seine Felshöhle trug. Nicht ein Kind, sondern mich, eine ausführliche Frau, kein Gerippe jedenfalls. Er nährte mich mit Algen und Fisch. Ich bereitete das Essen nach der oft beschriebenen Art derer, die in der Wildnis überleben, oder der urzeitlichen Höhlenbewohner. Der Vogel nahm ja wahr, daß es mir unmöglich war, von der Klippe zu fliehen. Ich würde an der Seite des Tiers bleiben bis zum Ende.

17

Zu Beginn studierte ich an ihm jene Höflichkeit, die ein Mann besitzt, der ein wenig »welterfahren« ist, den man jedoch häufig unterbricht, weil man sich das im engen Kreis der Daheimgebliebenen so angewöhnt hat. Bald aber errötete ich, wenn ich bemerken mußte, daß der höfliche Mann nicht etwa lauter sprechend fortfuhr, sondern sich sofort zurücknahm. Daß er, kaum hatte ich den Mund geöffnet, schwieg oder sich selber unterbrach und aufmerksam wartete, was ich ihm denn einzuwenden wüßte. Wie anteilnehmend er sich erkundigte und nachfragte! Und wie ekelhaft hastig und mit mir selbst zugange habe dagegen ich gesprochen!

Was wir einmal das schöne Nebenbei nannten, das Nebenbei aller Verständigung, mit halb abgewandtem Kopf gesprochen, auch akustisch nicht ganz deutlich. Es beunruhigte mich aber auch zuweilen, wie es das bloß halb Vernommene tut. Konnte es nicht auch etwas Bedrohliches sein, Bestürzendes gar, das er für ungeeignet hielt, offen ausgesprochen zu werden? Doch als ich dann sah, es ist so seine Art, er will und kann nur halb abgewandt mit einem Menschen sprechen, sogar mit mir immer schläfenparallel, wir sprachen beide in die gleiche Richtung. Und ich verlor mein Gegenüber!

Stell dir vor, eine Welt, in der sich bestimmte Substanzen nicht mehr mischen. Blut und Wein fließen aneinander vorbei in den Adern. Auf dem Wasser schwimmt die Tinte. Vom Strohballen fließen blaue Flammen herab. Das Salz treibt auf der Soße.

Waren wir nicht, du und ich, schon viele Meilen gemeinsam unterwegs, als die Luft ganz mürbe wurde, und wenn wir uns anfassen wollten, war es, als griffen unsere Hände durch hauchdünnes Pergament.

Unterwegs? Mir schien immer: Je piétinais sur place. Ich trat auf der Stelle.

Von nun an, wenn sie das Wort Gott schreiben wollte, kam sie aus dem O-Rund nicht wieder heraus. Das O entließ ihre Hand und den Stift nicht mehr. Sie kreisten endlos darin.

Bedenke doch: So vielem bist du begegnet, das großartig war, so viel Gutem und Bestem, das dich nicht losließ, das dich anspornte und bereicherte. Eine Bevorzugte, Begünstigte bist du gewesen. So jemand hätte ihren künstlerischen Wagemut nun im *Danken* zu beweisen. Dem riskantesten und unerprobtesten aller literarischen Versuche.

Es war wunderbar, wenn ich dich wie von fern oder wie in einem knisternden Nebel vernahm, wenn ich dich nur undeutlich verstand. Denn was unsere Körper an Abstand verloren, glich die Entfernung aus, in der wir einander verstanden.

Sobald aber das Entgleiten zu einer umfassenden, zur einzigen Bewegung geworden ist, das Entgleiten der Schrift, der Gedanken, der Töne, der Verständnisse, der Hände und des Gelds, kann man sich nichts und niemandem mehr entgegenstellen. Man ist selbst nur ein Element des einen großen Entgleitens.

»Wie einen Seufzer verleben wir unsere Jahre.« (Psalm 90)

Auch bricht ein reuiger Stuhl in die Knie, als sie ihm wegen Unbequemlichkeit, Ächzen, loser Lehne das Mißglücken eines Liebesspiels vorwirft. Die Vorderbeine knicken ein. »Ja mach nur auf Kniefall! Du Proskynese-Affe, du!«, verspottet ihn die Stehengelassene.

Das Neue aber, das Morgendliche, das Aufstoßen einer Tür, es brächte das Ende all der lüstern-teufelsfrechen Gesichte, das Verscheuchen allen Feinstaubs, den die Albträume in den Ecken und Winkeln, Mienen und Tönen einer schwachen Alleinschlafenden ablagerten.
Das Neue vom Tag, der Morgen, ist roh. Man will das Rohe

vom Tag nicht schmecken, erst vom gut abgehangenen Tag mag man kosten.

Der Schmerz entzieht sich der Mitteilung, er *kommuniziert* nicht.
Margery Kempe, englische Mystikerin des 14. Jahrhunderts, spricht von einem *tobenden Nagel.* Auch die nicht identifizierbaren Schreie aus dem All, die Astronomen vernahmen, rühren vermutlich von einem solchen Nagel, der in offenen Wunden sphärischer Geschöpfe tobt.

Frühlings-Hügel mit sieben Bänken, stufenweis verteilt. Welche Stimmen! Sieben ausrufende Frauen. Sie rufen uns heraus aus den gewohnten Zusammenhängen, heraus aus den allgemein interessierenden Fragen. Und die Zusammenhänge verlieren sich, und die Fragen schwinden Frage für Frage und werden zu solchen, die sich nicht mehr stellen.

Im Hintergrund der Menschen Lauf, treppauf, treppab.
Ich nehme an, daß am Ende niemand weiß, wie kam der Braunbär in den Kassenraum?

18

Am Vorabend der Noahde – dem festlichen Stapellauf der neuen Arche des Noah, der ersten einer ganzen Archen-Flotte – sahen wir das Fürchterliche sich nähern: Bild der Schwemme, die über das Land griff und auch stabilste Gebäude in die Masse von Zerberstendem hineinriß. Bild von der erbarmungslosen *Ausuferung*, die das Kriechende wie das Aufragende verschieben, auflösen und zerbrechen würde.

Die Flutwelle richtete sich vor uns auf wie eine angriffslustige Kobra in Kilometerbreite. Eine Bestie, die auch das Haus ergreifen würde, das einmal so wachsam am Ufer des dunklen Stroms stand, aus dessen Fenstern ich den Flußlauf der Dinge mit furchtsamem Abstand beobachten, lieben und unterscheiden konnte. Jetzt ein grenzenloses Diluvium, das alle Fundamente aus dem Erdreich heben, Hab und Gut vom Platz spülen wird, unabsehbare Flut, die das Land frißt, das gestern noch fußfest und verläßlich war, Schwemme der Verschwendung, die jede Wohnstatt, jedes Gesicht, jede Seele mit sich reißt. Alles zerteilt und abräumt. Aber wozu die Metapher, die nicht minder großtut als der Gewässer Aufstand, ihr Schäumen, ihr Mutwille und dies Schaugepränge der Zerstörung?

Da Vincis Zeichnungen des *diluvio*: Die Zerstörung der Welt hat die Gestalt von Spiralen riesiger Wasserwirbel.

Die Grenzen täglich neu bestimmen. Den Dingen dienen, die da übrigblieben. Und noch eine Grenze und noch eine – bis die Schwemme auch sie niederreißt. Das Grenzenziehen selbst am Tag vor der sicheren Sintflut ist ebenso wichtig wie Luthers Pflanzen des Apfelbaums.

Gilgamesch nach der Sintflut:
»Ein Fenster tat ich auf, und Helle fiel / Auf mein Gesicht. Ich schaute ... Stille rings / Und alle Menschheit war zu Lehm geworden, / Das Land lag eben wie ein flaches Dach.«

Zurück blieben ungangbare Wege. Die Last nächtlicher Urtiere hinterließ anderthalb Meter tiefe Fußabdrücke im Lehmboden. Doch konnte ich ganz gut auf den inzwischen getrockneten Rändern der Koloß-Spuren gehen. Ich gewöhnte mich daran; es war nicht leicht, das Gleichgewicht zu halten, ich mußte oft verschnaufen. Ein anderer Weg, weiter unten, war vollkommen zerdrückt und wüst. Ein kleines Mädchen kroch von dort zu mir herauf, ich trat ihm eine Steige vor im steifen Schlick, auf deren oberster Stufe ich es erwartete. Die Kleine war verzweifelt, sie fand nicht mehr nach Haus, ringsum war zerrissenes Gehölz, war die ganze Gegend unkenntlich geworden. Ich lehrte sie, auf den erstarrten Schlammrippen zu balancieren.

Diluvium so oder so. Weggewaschen, fortgeschwemmt, was man getan, vermutet, aufgebaut und an sich gezogen hat. *Verlorenheit* heißt nun das ganze öde Land.

In einer Welt, die dem Überfluß huldigt, warst du, mein Geliebter, das einzige Niezuviel.

Es ist traurig, daß niemand mehr traurig ist. Aber könnte denn einer sagen: Ich bin traurig über meine verlorene Traurigkeit?

Man möge seine Tage vor der Kulisse unlösbarer Probleme verbringen, aber darauf achten, daß sie bloße Kulisse bleibt, flache verschiebbare Stellwand mit nichts dahinter.

Verlust und Lust: mehr an schierem Gegensatz kann Sprache nicht aus derselben Wurzel pressen.
Die Wurzel, die nun der schweigende Mund kaut. Was er von sich gibt: ein braunes Rinnsal, klebriger Saft, der über das mümmelnde Kinn läuft.

Den hohen Bierdeckelturm von Ansicht, Standpunkt, Einstellung, Überzeugung, Haltung und anderem Undurchdachtem brachte ein einziger Puster der Dichterin zum Einsturz.

Neuere Visionen preisen die winzige Herberge. Zur Utopie verklärt man das Versteck. Das Reich, das ist, das war, das sein wird: der Unterschlupf.

Die Stirn im Armwinkel geborgen-gebettet, die Brust gegen die schmale Tischkante gedrückt … Es ist lächerlich, im Palast der Verlassenheit zu residieren und vom Schlupfwinkel zu schwärmen! Überhaupt etwas anderes zu hegen als immer nur das Palastgefühl. Zähle auf nichts und zähle nicht mehr. Alle anderen sind anders als du und haben auch anderes im Sinn.
Was sagen sie denn? Was bringt die alte Tonspur? Rufe und Zungenschnalzen aus der Gruft.

Sollte nicht, wer schreibt, sich wieder in zarten Zwischentönen üben? Dem Durchschein der Dinge, den Übergängen, dem Dunst, dem Schimmer, den verwischten Konturen eine neue Chance geben? Wie würde das sein?
Ist nicht bekannt, daß jede düstere Ansicht der Welt aufgerastert werden kann, bis sie zumindest mausgrau erscheint? Ist nicht bekannt, daß Dichtung nur das ältere Wort für Pixeldichte, für hohe Auflösung beim Sehen und Sagen ist?
Jedoch vergeblich wird man das Feingewirkte zum Vorschein bringen, wenn allgemein das Wahrnehmen von Menschen sich mit den gröbsten Umrissen begnügt. Vom detailreichen Bild zum detailreichen Gefühl führt kein Weg in der Zeit.

Der Rosentrichter, Schlund, Kelch, Abgrund – die Blume *kennt* mein Riechhirn, dem sie ihren Duft spendet, während ich bloß einen Begriff von ihm habe.

Solange ich in der Schrift bin, würde ich mich nicht erkennen im Spiegel. In der Schrift befindet man sich in einem Alter, das kein Spiegel zeigen kann.

Du faßt dir ein Herz und drückst die schwerste Klinke deines Lebens nieder.
Kaum ist die alte Tür um einen Spalt geöffnet, da stürzt ein Schwall von Blut in dein Gesicht …
So ist Erinnerung. Wußtest du das?

Und es wurde ihr alles zu Kram. Eine, die sucht und sucht unter ihrem Kram und aufräumend alles aufs neue verkramt und schließlich mit schaufelnden Händen sich selbst verkramt unter dem Kram.

Was, wenn ich würde wie die Schwester, die heimlich trinkt? Nicht wie andere Frauen manchmal, die leicht besäuselt, beschwipst, bedudelt oder sonst irgendwie gesellschaftsfähig betrunken sind, sondern eben wie Sonia, die dann gurgelnd Zusammenhangloses ausstößt, dessen Bedeutung sie selbst nicht mehr kontrollieren kann. Jedesmal wiederholt sie denselben Satz: »Das ist so in Deutschland!« Wenn sich jemand über einen nicht funktionierenden Fahrkartenautomaten beschwert: »Das ist so in Deutschland!« Genauso, wenn bloß ein dünner Regen fällt. Und schließlich: »Das ist so in Deutschland!« Nämlich daß man die Unberührbaren – und das sind nicht die Elenden, Kastenlosen, sondern die große

Vedette, die heilige Schauspielerin, wie sie eine war – achtlos berührt, sie betätschelt und krault wie einen Schoßhund. Sobald sie jemand in der U-Bahn erkannte (seinerzeit), sich neben sie setzte und sich nicht genierte, ihr auf die Schulter zu klopfen. »Das ist so in Deutschland: Jeder erhöhte Mensch ist bloß zum Betatschen da.«

Über Ohrstöpsel und Mikroknopf telefoniert sie mit ihrem Unterirdischen. Intimgeflüster, das ein paar unerfüllbare Wünsche aufsagt. »Staub lieber, als ein Weib sein, das nicht reizt«, brüllt sie das Penthesilea-Zitat, Mund am Gully, unter die Erde brüllt sie's. Anthrazitfarbene Lederjacke, Falten-Rock, der kaum die dicken Beine bedeckt.
»Ich könnte es so einrichten, daß wir uns nächsten Samstag sehen.« Warten auf Antwort aus der Kanalisation.

Klar, daß man ihr aufhilft, die ausgestreckte Hand reicht, weil sie wieder mal in eine üble Klemme rutschte und darin festsitzt, ohne Hilfe sich nicht befreien kann.

Belustigt, mit spöttischem O! bei glattgezogener Stirnhaut und einem schlüpfrigen Schalk im Auge erblickt sie bei allem, was er sagt, eines Mannes männliche Schwäche. Gerade eine so bedauerliche Frau wie meine Schwester versteckt sich gern hinter der dünnen Maske sexueller Überheblichkeit. Gleichzeitig wird der runde O!-Mund unzweideutig ein Zeichen für »mein armer leerer Schoß«.

Gustav, der Entsetzte, fragt mich, mein Bruder: »Weshalb werden die guten und festen Orte der Erde immer die *Zwischenstätte* genannt? Wozwischen denn liegen sie?« Zitternd lugt er über den Hochkragen seiner Lederjacke und bekommt von mir zur Antwort: »Zwischen Leere und Fülle! Zwischen ausgeräumten Räumen und überfüllten Plätzen.« Aber die Begriffe ziehen an ihm gegeneinander vorbei wie Frachtschiffe auf dem Rhein, ergänzen sich nicht, berühren sich nicht, sind nur täglicher Verkehr.

Und schon wird der Entsetzte von der Gabel des luziferischen End-Entsorgers erwischt. Mann mit Schiebermütze, Beine und Arme noch in der Scheren-Stellung des panischen Davoneilens, bei welchem er aufgegabelt wurde.

»So hatte sich auch das erübrigt«, hätte er dazu gesagt, wäre ihm ein letztes Wort vergönnt gewesen.

Meine Elissa besteht aus zwei Teilen, die Schwester ist nicht enthalten. Zwei Teile Ich, die sich gegenseitig abschätzig beurteilen und kleinmachen und unentwegt den Beweis führen, daß der eine ohne den anderen eine verschwindende Winzigkeit darstelle. Der eine heißt Gedächtnislein, ein Häufchen Elend, weil es vor lauter Entsinnen keinen Körper mehr spürt. Und der andere ist das Niemandchen, ebenfalls ein Häuflein Elend, das nur wenig Gedächtnis besitzt, dafür den rebellischen Rest von einem Leib.

N: Memorina! Gedächtnislein. Bist du wach?

M: Nemorina. Süße kleine Niemandin. Hast du gerufen?

N: Es ist unser Schönstes, durch Schlüssellöcher ein und aus zu fliegen.

M: Hast du dir das genau überlegt? Du bleibst bestimmt noch mal hängen im Schlüsselloch.

N: Wo wir doch da und dort gemeinsam ein und aus gingen damals dann und wann.

M: Ohne mich wärst du eine unter Millionen Niemandinnen. Mit mir kannst du bald ihre Parteiführerin sein.

Ich, die um Glauben ringende, kämpfende Frau. Er aber der voreilige Skeptiker; mit gereizter Vernunft jedes Wunder, auch das zwischen uns beiden, zersetzend. Und doch: Welch eine Leidenschaft bewegt nicht auch dies unermeßliche Begreifen!

Und vom Unermeßlichen lebt doch der Geist wie die Seele des Menschen. Vom Unermeßlichen getrieben und getreten, erhoben und zerschmissen zu werden, dem hat sich der Lebendige, der wahrhaft Lebendige hinzugeben. Ob im Glauben, ob im Wissen, ob im Dunklen, ob im Hellen ... Beim Lieben aber vor allem, immer gilt: Friß das Leben, bevor es dich auffrißt.

Thekla selbst predigte nicht, doch sie wälzte sich auf der Erdstelle, die des Paulus Füße berührten, als er predigte.

In der Tür steht, rutscht nieder am Rahmen, kauert auf der Schwelle sie, die aschblonden Locken gefettet, kommt nicht mehr hoch, preßt den Rücken gegen den Pfosten, im leichten Mantel, im Dauerselbstgespräch. Bis der Liebste mit zwei

Freunden durch die Tür tritt, über ihre Beine steigt, während sie, den Ton des Selbstgesprächs nicht überwindend, vor sich hin spricht: »Flüchtling, Flüchtling, sieh hin, da hockt dein Hochzeitsmädchen!«
Der Liebste bemerkt sie nur mit einem Seitenblick, duldet sie im Durcheinander seiner Gäste, sie stört ja nicht. Sie bleibt auf der Schwelle, redet flackernd weiter, ummantelt vom Selbstgespräch, ohne die Chance, jemals wieder einen Menschen ansprechen zu können. Die offene Anrede, das nach außen gerichtete Wort – ob sie sich je wieder befreien kann von der ehernen Eintönigkeit des Vorsichhinsprechens?

»Später erzähle ich alles«, sagte die Geliebte des Malers, als jemand sie in Cannes ausfindig machte und nach ihrer Geschichte mit dem Berühmten fragte. Sie entwich den Biographen – entwich ihnen für immer. Niemals hat sie die Geschichte erzählt.

Auch ein Höhlengleichnis …
Zwei vollkommen Verliebte suchten die vollkommene Verborgenheit in einer Felshöhle, zu der nur ein schmaler Spalt Zutritt gewährte. Durch ihn zwängten sie sich hinaus und hinein, solange sie ihr Versteck mit Vorräten füllten. In der Grotte ihrer Liebe wurden sie bald aber so unförmig, daß keiner von beiden mehr durch den Felsspalt paßte, der zurückführte in die Welt.
Je mehr sie aßen, um so gieriger liebten sie. Bis sie eines Tages so rund wie zwei Kugeln waren, die nur noch aufeinander-

prallten, ohne sich vereinigen zu können. Die Vorräte gingen zur Neige und ihr Lieben auch. Tag für Tag magerten sie nun und glichen ihren Körper ab mit der Öffnung des Höhleneingangs. Schließlich gelang es dem Mann als erstem, das vernutzte Liebesnest zu verlassen. Noch eine Woche magerte die Frau im Dunkeln allein. Dann schlüpfte auch sie durch den Spalt. Draußen suchten sich die beiden vergebens und sind sich nie wieder begegnet.

19

Fest der fliederweißen Blässe am Sonntag. Weiß auf dem Weg zur blütenreinen Negation, schon beinahe ein Nichts, feiner als in alle Winde zerstreut, doch aufwärts wirbelnd … Überbleibsel, Überlebsel, Zurückgelassenes, Übriggebliebenes, nachdem alle Liebe zerstreut ist, nachdem alle Sprache in die Zerstreuung überging.

Vielleicht nicht ganz irdisch die Musik, zu der wir unwillkürlich uns bewegen, wechselnde Figuren bilden, als ob unsere Schritte allesamt zu einem Tanz gehörten, dessen Kür und Formen wir nicht absehen können. Oft sind es Andeutungen nur, beim Gehen oder Schlafen; das Gefühl, von fernen Rhythmen leicht bewegt zu werden an Schulter, Hüfte, Knie, von gedämpften, einflußreichen Klängen, die bestimmend oder auch umstimmend auf uns wirken.

Es genügt die eine schnelle Kehre, und zwei, die sich kaum kannten, stehen plötzlich unausweichlich voreinander. So reif und frisch, daß sie am liebsten einer in des anderen Wange bissen. Ihre glatten Stirnen nutzen unterdessen geschäftstüchtige Luftgeister für ihre billigen Werbespots.

Sie, die die Schwelle als erste überschritt, hinter der die nahe Umgebung immer näher rückte. Übermächtige Vergrößerung, jede Einzelheit monströs und alles Tun gedehnt in zäher Verzögerung. Nähe überall … die würgt das Auge.

Was wir sehen, ist durch Nähe versengt.
Um jeden Preis: das Vordere, das Zudringliche abweisen. Was kann ich mir entfernen, was mir unerreichbar machen jeden Tag?

Selbst wenn du dich am Ende, nachdem alles getan, gedacht, erlitten und verstanden ist, wieder als ein Kind entpuppst, die Larve der Erfahrungen abstreifst, diesen Nährhäuten von Schläue, Schmerzen, Wissen, Skepsis und Bestürzung entschlüpfst, bleibst du Neugeborene roh und hilflos, wund und ungewiegt in deinen Hüllen liegen.

Manch andere aber … baumelnd, baumelnd mit aneinanderklöppelnden Beinen. Das sind unter den Elenden die vom Erdboden Gehobenen, denen geholfen ward. Man hat ihnen unter die Arme gegriffen! Man hat sie zum Lüften hinausgehängt, nebeneinander, sie flattern wie Tücher an der Leine. Grund! Grund! Einmal wieder den Boden berühren, einmal wieder festen Boden unter den Füßen haben! Ach, viel größer der Wunsch, die Erde zu berühren, als noch höher zu steigen – oder gar zu fliegen.

Innovatives soll es nun auch fürs Elend geben. Es heißt: ›Wir werden in eine ganz neue Dimension der Verzweiflung vorstoßen.‹

»Was aber überträfe die Verzweiflung des gequälten Philoktetes?«, fragte der Migrant. Verstoßen, ausgesetzt von seinen Mitstreitern in Troja wegen des unerträglichen Gestanks seiner Wunde (nach einem Schlangenbiß). Seine einzige Inbrunst noch: in den Vulkan geschmissen zu werden. Wenn ihn die unheilbare Wunde anfällt wie ein Feuer, das nur der allesverschlingende Kraterschlund wird tilgen können. Brüllen. Stinken. Dulden. Hinken. Fallen. Aber mit Arm und Bogen sich die Vögel aus der Luft holen zur Nahrung. Ruhloses Männergeschrei. Und wo Liebe, da nur zum Vater in der fernen Heimat.

Auf Höhenwegen immer allein. Der fehlende Eine trieb sie ins Gebirge und im Gebirge immer steiler in die Höhe. Nicht irgendeinen Rest verloderter Dinge sucht sie, sondern das Hirn des Feuers, das sich erinnert: Jede Schuppe der grauen Asche weiß noch ein goldener Funke gewesen zu sein.

Sein Gesicht durchwandert das meine. Ich fühle mich er, wenn ich lächle oder maule.

Eine Folge unserer blasphemischen Zweihaftigkeit. Unser Götzendienst am Leib.

Die Abgeschlagene rappelt sich wieder. Besitzt nur Traum und Trippelschritte. Sie muß dahin, wo's aufwühlend zugeht. Täler und Schluchten durchquert sie, steigt auf schwindelnde Höhen, in einer schroffen Klamm lernt sie das Rufen aus tiefster Not.

Und die auswärts Schreitende wird schöner. Ein Rücken, eine aufrechte Gestalt, an der, um sie immer deutlicher werden zu lassen, das Licht schnitzt oder spachtelt. Kuhlen und Kerben, das Weggenommene formt die Figur.

Unterwegs trifft sie auf einen Wurzelmesser, der an alten Bäumen die langen Ausleger entblößt. Er schrubbt und säubert sie und prüft dann die »Wasserleitung« mit einem kleinen spitzen Hydrometer.

»Messen messen messen …« So hört man ihn an jeder Esche murmeln.

Ohne aufzublicken jetzt, spricht er zu Elissa hinauf:

»Was ist mit den Wasserläufen dieser Wurzeln? Was mit der Kraft des Bodens überhaupt, wenn er nur die allerschwächsten Luschen trägt?«

Darauf Elissa: »Du hast mich aufgehalten. Ich tat gerade einen wetterwendenden Gang. Zehn dicke Regenwolken habe ich zur Umkehr bewegt. Illhoven und ich sind wohl die letzten, die das noch können.«

»Illhoven? Ein Unbekannter?«, fragte der Wurzelmesser.

Elissa: »Für wen spreche ich noch, die ich hier so weit außen stehe und stehe in vollem Rüstzeug der Davongehenden? Ab-

seits hat man den Mund zu halten. Vorwärts muß man ihn aufreißen.«
Der Wurzelmesser: »Es ist mir ein Schrecken, daß du mich anstarrst, bis mir der eigene Name entfällt. Jedesmal, wenn du mich so ansiehst, schießt du ein Nennwort, einen Namen, einen Begriff in mir ab. Dein Blick trifft auf ein Wort, auf das ich nicht komme. Dein Blick ist böse Erwartung: Sag es mir! Heischt er. Na, sag's doch! – und feuert auf den Namen, der mir auf den Lippen liegt ... Meine Zahlen rutschen von den Tabellen. Meine Zahlen, die Meßdaten, haften nicht mehr am Blatt. Sie rieseln herunter und bilden ein heilloses Gewimmel. Es ist nichts gewesen. Und das gilt für alles und jedes, das ich gemessen und ermittelt habe. Wie soll ich neu beginnen? So spät und mit leeren Händen.«
Elissa: »Die leeren Hände hattest du immer. Das nächste Mal, wenn mich der Schleier des Vorbeikommens bedeckt, des Unbleibens, wirst du, falls es dir für kurz gelingt, mich aufzuhalten, erfahren, wer ich vor dir bin, ein Mann oder eine Frau.«
»Quelle promesse de bonheur. Welch Glücksversprechen!«, murmelte der Messende und stach erneut sein Hydrometer in die nackte Wurzel.

Sie hob im Boden ein Viereck aus, drunten kauerte ihr Ebenbild. Zwei, die sich was zu erzählen haben! Die unten sagte: »Ich bin die, die du sein wirst.« Die oben sagte: »Ich bin die, die du warst.«

Nur der Totenschädel blickt. Die anderen äugen.

Gute Frau, willst du denn Minute für Minute die Kürze des Lebens beklagen!?
Stöhnen unter der geringen Dauer, die dir auf Erden vergönnt ist! Sieh in die Nacht hinauf, leih dir Zeit vom Firmament. Jeder ergreife zu seiner Zeit einen Zipfel vom Immerwährenden. Töpfe voll Dauer sind überall an deinen Wegen aufgestellt – doch du siehst einfühlsam von aller Schöpfung nur die Fliege an.

Daß mich die Schönheit des Mannes verbrannte, da ich schon leicht wie Distelflaum war, der im Herbst über die Weide weht.

Hin und wieder verließ ihn nebenbei ein Wort, eine ausweichende Bemerkung, das Gegenteil einer zutreffenden, eine ungefähre eher, die einen Tatbestand bloß streifte oder leicht an ihm vorbeistreifte. Nicht viel anders erging es mir.
Es ist ja das Treffenwollen, was einem manchmal die Sprache verleidet. Das unbedingte Geschicktseinwollen bei all dem gottgegebenen Ungeschick, das in unseren Worten herrscht und über sie. Das unbedingte Treffenwollen, das einen zuweilen auch langweilt und daran hindert, das Verschwommene im Wesen der Dinge zu erfassen.

Ich sah auf ihrem Sessel meine weiße Mutter, längst verblichen, im Traum eine Frau in mittleren Jahren. Ich sah eine untreue Frau, Gattin, Liebhaberin, daneben ihren schmalen hilfsbereiten Mann mit der kleinen Gertrud an der Hand.
Die Mutter: Wie leicht er lachte! Wie schnell er lustig war.
Das Töchterchen (ich): Von wem redet Mama?
Mein Vater: Von einem Menschen, der ihr einmal viel bedeutet hat.

20

Die Preisgekrönte sitzt mit zusammengepreßten Knien, sie muß noch viele Hände schütteln, bis sie aufs Klo gehen kann, Wettkampf zwischen Ehrung und Blase, Sportart Händeschütteln, Beeilung, Beeilung! Die Schlange der Anstehenden nimmt nicht ab.
Mein Liebster lacht sich darüber jetzt ins Fäustchen.

Es waren vorösterliche Jahre, nach ihm, das Fasten nahm kein Ende. Alles galt es zu meiden, was ihr geboten wurde an Ehren, Trubel und Dabeisein. Die wahre Magere, selbst wenn sie all ihre Vorräte verbraucht, wird vom Verzehr noch magerer werden und so leicht, daß sie vom Luftzug eines einzigen Mannes, der an ihr vorbeieilt, umgeworfen wird.

Später im Jahr wird sie mit Strohhut und clematisblauem Hemd, das über die Hose hängt, auf staubigem Feldweg gehen, ein Sommergespenst, der Erinnerte an ihrer Seite, doch seine Gedanken sind ganz woanders.
Die heiserblaue Clematis wächst im Garten an der Feldsteinmauer, kein verschosseneres Blau gibt's in der Natur. Überall setzt sich das bleiche Ausgeblichene, das End-Weiß durch. Auch den Rosen erbleicht das rosenfarbene Gesicht. Weiß, das ist das Weiß der verlorenen Farbe, nicht das Weiß des frischen Anstrichs.

Auf jedes Menschlein kämen einige Sonnen zur Auswahl, stiegen wir wie vormals Götter und Helden aufwärts in ein siderisches Grab. Irgendwo in der Ewigkeit zu funkeln, wäre angesichts der Myriaden von Sternen allerdings ein geringerer Adel, als sein Lebtag ein Schreiter auf Erden gewesen zu sein, unter dem sich zum Schluß der Boden auftut und ihn verbirgt.

In Rom unter dem Zwölf-Tafel-Gesetz mußte eine verheiratete Frau drei Nächte im Jahr außerhalb der ehelichen Wohnstatt verbringen, damit ihr Mann kein Besitzrecht gegen sie geltend machen konnte.
Ein Händler fand nach drei Nächten seine Frau unter fremdem Dach, allein, irgendwo in einer Hütte am Fluß, wo sie schlaflos und stehend darauf wartete, zurückzukehren.
Später sagte sie, sie wisse nun, was es bedeutet, fortgesetzt neben einem Mann im selben Haus zu leben, den sie längst in ihren Erinnerungen bewahre.

Abtrünnige des allzu heutigen Tags, war Elissa entschlossen, fortan von den Beständen zu zehren und aufzuräumen unter den vielen Andenken. Da ist ihr, mit einem Schlag, alles wieder zu Unbestand geworden. Man läßt sie nicht in Ruhe Vergangenes sortieren. Man schleudert sie hinaus in den Winter des Geschehens. Sie soll wieder *hier* sein, soll Witterung aufnehmen und sich um die Zukunft kümmern. Dabei ist das meiste längst auf den Weg gebracht, das man erreichen kann und will. Am Ende wird alles so, wie es schon ist. Das gab's noch nie, das ist ja ganz was Neues!

Das Leben der Schreibenden sondert eine Tintenwolke ab wie die Krake, um den Verfolger Tod abzulenken, jedenfalls für einige Zeit.

Einmal mit der Zungenspitze seine Lippen nachgefahren, als er nur so staunte und sein Mund offen stand, während sie ihm den Überschwang verschaffte. Einmal im Kreis sein lautloses O! entlang.

Die Feste mit Tänzen, das Sich-Biegen und Drehen, Sich-Wenden und Verschwenden … Mein Gott, ich habe nie mit ihm getanzt!

Nut, die Himmlin auf ägyptisch, nackt mit flachem Bauch, ein weibliches Gewölb über Geb, dem Erde-Mann, biegt und streckt sich, bis sie mit Fingerspitzen und Zehenspitzen den Boden fast berührt. Wie eine hohe Brücke liegt der Himmel rund über Geb, der Erde, über seinem ausgestreckten Glied, auf das sie ihren Schoß nicht stülpen kann, es geht ja nicht, sie kommen nie zusammen … Und zeugen also sphärisch, aus unerlöstem Verlangen, den Horus, die Isis und den Osiris.

Wie das wohl war? Empyreum-Sex. Lust und Lustgewalt der Unsterblichen. Erlosch doch längst in unserem Blut, oder? Vielleicht nicht ganz. Denn vom Siebten Himmel war da was bei jeder großen Verausgabung mit dir.

Seit langem nicht getanzt! Mit niemandem … Seit langem nicht mehr den Kopf verloren! Nie wieder getanzt! Mir ist, als sei mein Leib dort stehengeblieben, wo er ihn zum letzten Mal umarmte.

Da tanzt das leere Kleid, mein Kleid, das ohne mich auf Festen rockt und walzt.
Wie oft in all den Jahren war's gefüllt bis übern Rand!
Vom schnellen Schritt, vom freien Drehen fängt's an zu klingen, das wehende Kleid, das ungefüllte. Wenn also kein Gesicht mehr rausschaut, gar keine Person drin steckt, sondern nurmehr eine spiralneblige Erinnerung aufsteigt, Klang von harten Sohlen, von geschüttelten Locken, von sich balgenden Füßen, bis alles Gemeinsame erlischt nach und nach wie die Saallichter nach dem Kehraus.

Kußfest miteinander verschlossen, wie Vakuum saugt, als wäre einer von beiden ganz seelenleer, so haftet er am Mund des anderen. Der Kuß war nicht mehr aufzubrechen.

Noch immer standen die beiden Blumen, die Gladiolen, in Papier gerollt in einer trockenen Vase, waren nicht einmal ausgepackt, nie angesehen worden. So wie sie da standen, blieb's bei einer Papiertüte mit Gladiolen in häßlicher Vierkantvase ohne Wasser. Uninteressiert, sie zu sehen: die mit dem Blumengruß Bedachte, undankbar, wohl keine Freundin von Gladiolen, vom Grüßenden erst recht nicht. Nur davon sprachen die zwei unbeachteten Blumen – und meinten, sie hätten ja auch kostbare hochstielige Rosen oder gar Orchideen sein können, so unausgewickelt.

Zu gehen, dachten wir, bringt Rat. Zu gehen aber führte bloß tiefer in die Ratlosigkeit hinein, das erwarteten wir nicht. Dennoch mochten wir nicht aufhören zu gehen, und unsere Ratlosigkeit wurde darüber zur natürlichsten Sache von der Welt.

Sie sah aber auch sein Bild als ratlosen Mann, der nicht wußte, wohin mit seiner Hand, während ihm alles Sehen und Voraussehen Angst bereitete. Die Faust am Mund zum Hineinbeißen, die offene Hand, die den Mund des Fassungslosen verschließt, oder wie früher: die Hand zum Nägelkauen zwischen den Lippen. All das auf der Suche nach der einzig richtigen, dem Vorausgesehenen und Befürchteten angemessenen *Unterbringung der Hand im Gesicht.*

Die hohe Holzschwelle überschritten, ein Portal mit geschnitztem Figurenwerk, Schöpfungsgeschichte im Tympanon, hinter mir gelassen, durch die kleine Innentür in die »einzige Kirche der Welt« getreten, die in die absolute Finsternis führt. Und doch war ein Übergang von Dunkelheit zu Finsternis noch zu bemerken. Auch war ein Saugen und Streben zu spüren, als zöge eine Windhose aus schwarzen Engeln den Besucher aufwärts. Ein unsichtbarer Chor sang: »Steh still, du Seele, aber steh jauchzend still.«

Die Sitzende knickt ein, ihr Gesicht sinkt vornüber auf den Tisch, immer bereit, bereit für seinen unwahrscheinlichen, den unvorstellbaren Besuch.
Unterdessen versucht sie, an seinen Kose-Worten sich zu wärmen in der eisigen Entfernung.

Du hast dein Leben, um es auszulegen wie einen Spruch. Du mußt es täglich tun, talmudischer Dienst. Die Schrift verläuft … Schreiben ist eine dem Leben *beiläufige* Bewegung. Angestoßen von einem Wort, auf das du nicht kamst, das du nicht erwischst. Die Frau – der Mann – die Beiläufigkeit. Du fingst das Meer in einem Wasserglas und tust nichts, als es auf dem Tisch hin- und herzuschieben.

Du tauchst auf, wenn das Licht einer Stirn sich über dich beugt. Solange die Dunkelheit blüht, gibt es dich.

Zu Ende gegangen und ausgefeiert das Fest. Und was von ihm noch übrigblieb auf Tellern, Sitzen, Böden, vereinzelt und verstreut, die Reste, das Liegengelassene, zerpflücktes Brot und abgestandene Biere, all das bietet den Anblick von aggressiver Restlichkeit, das fettige Bekleckerte von Tischtuch und Polstern mischt seine Farben in das alternde Morgengrauen. Vielköpfig vielflüsternde Abwesenheit der Gäste umkreist die Gastgeberin. Sie ließen eine Verstörte zurück: Ich wußte nicht, wie unbeliebt ich bin!

21

Eine Frau aus der Fremde stand vor dem im lockenden Überfluß ausgebreiteten Backwerk. Sie hatte ein Lächeln auf dem Gesicht beim Anblick von so viel Brot und Kuchen. Ihr galt die Fülle für eine Beteuerung menschlicher Würde.

Zwei sind gewiß in der Lage, sich für einige Zeit davon abzulenken, daß sie *nur diese zwei Menschen* sind. Einer mit sich allein gelingt so was nicht. Ihr täglicher Beschluß gilt der Befüllung einer alten, nicht mehr schließbaren Sporttasche vor einem dann doch abgebrochenen Gang zum Fitneßstudio.

Dichtung, die über Mensch und Welt einen Vorgänglichkeitsstop verhängt.
Dichtung, die über Mensch und Welt einen Vergänglichkeitsstop verhängt.

Dem ältlichen Bewußtsein Entspannung bietet die immerjunge Unbesonnenheit.

Die besten Rechte-Bewahrer, sagte mein Flüchtling, gehen aus den Reihen der Seeräuber hervor. Die werden reichegründende Handelsherrn. Entscheidend ist, daß das Gesetz um die Potenz der vormalig Gesetzlosen bereichert wird. Das Gesetz dessen, was gut, nützlich und gerecht ist, würde ohne deren Integration bald kraftlos und lasch.

Immer wieder die Perle, die auf Bildern Vermeers auftaucht und die die kostbare Kunst selber meint. Ähnlich bezeichnend wäre für den sprechenden Menschen ein Bild von seinem schmerzhaft geöffneten Mund in dem Augenblick, da ein abruptes Ver-Sagen sein Reden aufhält und es jäh abstürzt in den Schlund des Schweigens.

Farbvorsprünge. Sie stand auf der vordersten Klippe des noch vom Menschen erkennbaren friedlichen Rots. Ihren Blick beschlich aber das tierische Rotsehen des Tötens.
Vom großen Artenzauber, den *recombines* fiel für sie nur ab, was nicht zusammenpaßt. Ungefügt besitzt sie ein glänzendes Gefieder und häßliche Tentakel. Aufgefächert steht sie für Sekunden, dann knickt sie ein wie eine Wirbellose.

O daß nur in Tönen und Farben, ohne Stoff oder Thema gemalt, geschrieben, gefilmt, gemeint und getwittert würde! In freien Flecken und Tropfen … Tachismus! Da! Der Blutfleck, der sich im Gewebe eines Hemds ausbreitet. Der sich ausbreitende Fleck – anstelle von Handlung, Geschichte, Linienführung. Etwa nach Art der chinesischen Maler-Dichter in den Bergen. Die weintrinkenden Einsiedler, die alle Ämter verloren oder aufgaben und deren einzige Liebe den wechselnden Formen der Wolken gehörte. Sie malten mit Tusche auf Seide.

Ihr zornglattes Gesicht sah nur ihn, die Verhältnisse sah es nicht. Es war immer das gleiche Spiel, ihr Angriff forderte ihn, er feuerte, den Regeln des Affekte-Duells entsprechend, seine Widerworte, die »Verhältnisse« (je zwei Finger machten kratzkratz in die Luft, Anführungszeichen) betreffend, wenn auch zunehmend unwirscher, bisweilen meuternd gegen seinen Part, verärgert über die eigenen nichtswürdigen, ihm völlig wesensfremden Widerworte, die er zu liefern hatte.
»Oh!«, sagt sie. »Ich steh da nicht alleine. Andere sehen es ähnlich wie ich. Der Mann, der etwas Unverständliches sagt, ist ja der beste Rattenfänger für diese Art mittelmäßige Bewunderer.«

»Oh!«, sagt sie. »Ich hätte unsere Sternstunde nicht überleben sollen!«
Oder: »Oh! Ich gehör längst in mein Sternbild raufgeschossen.«

Mein Lionardo zuweilen der Rücksichtsvolle, der hinter sich spürt, der bemerkt, daß er sich im Museum jemandem in den Blick stellt und sofort beiseite tritt. Der sich keine Sekunde Unvorsicht gestattet, wenn er unter Menschen ist, aber gerade er verhüllt mit seiner Behutsamkeit ein harsches Herz. Tatsächlich ist noch jeder, dem es gelang, ihm nahezukommen, gequält und geschunden worden. Immer wenn ich ihm erzähle, er sei in Wahrheit ein Furchtbarer, wenn ich mich gegen ihn empöre und errege, fährt ein bleiches Entsetzen in seine Stimme. Sie wird lautlos und scheu. Mein Ton verwirrt ihn, macht ihn wehr- und fassungslos, als wäre es ein offener Angriff, was es natürlich auch ist. Doch spüre ich genau, daß seine Schüchternheit eine vorgeschützte Reaktion ist, die nicht lange anhält. Wenn ich die Schraube der Erregung eine Windung weiter anziehe, wird er sich plötzlich aufrichten und protestieren, ja er wird mich zurechtweisen und wütend vom Tisch aufspringen. Er bietet mir zunächst eine Andeutung von Schwäche; ich nutze sie, um aus mir herauszugehen und anzugreifen, bis zu einem gewissen, gefährlichen Grad. Kurz bevor ich ihn tatsächlich in Aufruhr versetze, werde ich plötzlich nachgiebig.

Manchmal, aus heiterem Himmel, gibt er den schwachen, unerträglich unentschiedenen, butterweichen Mann. Wahrscheinlich nur, um meine Lust anzustacheln, ihn zu quälen, zu foltern, zu massakrieren! Seine Unsicherheit ist die reine Infamie.

Ich ertrage die Schwachen, die Unsicheren im Gegenüber nur schwer. (Oder sind sie in Wahrheit vielleicht die äußerst feinfühligen, raffiniert überlegenen *Kommunikationsneurastheniker,* die viel mehr von mir wahrnehmen als ich von ihnen?)

Im Grunde fürchte ich niemanden so sehr wie die Schwachen. Sie können mich jeden Augenblick außer Kraft setzen.

Ich versuche sie bei einer Meinung, die sie allzu vorsichtig, allzu schwankend äußern, lebhaft zu unterstützen. Jedesmal könnte ich hinzufügen: ›Ich sage das nur, um Ihnen einen Anhaltspunkt zu geben, etwas, woran Sie ein wenig Halt finden können. Was ich selber denke, braucht Sie nicht zu interessieren.‹ Doch genau das, das Nichtgesagte, verstehen sie auf Anhieb. Sie erspüren mit dem Instinkt des Schwachen in meiner Zustimmung nur den Aplomb der Überlegenen.
Die Starken hingegen behindern sich oft selbst. Arthur Brühlers Aufrichtigkeit, die jedem Menschen seiner Umgebung so zusetzt, als hätte er ein Säureattentat auf seine Moral verübt. Auf einer anderen Ebene schadete sie ihm aber. Nicht zuletzt war sie verantwortlich für seine Kunstlosigkeit. Der Dichter wollte es stets ohne Umschweife, ganz im Dienste der Unmittelbarkeit und Aufrichtigkeit sagen. Ohne sich je der Flüchtigkeit bewußt zu sein, mit der der Atem, das Sein, die letzte Wahrheit des Denkens einen Künstler nur einmal, gerade so eben, berührt. Das Schöne, das Unauflösliche selbst – sie stehen auf einem anderen Blatt als die Aufrichtigkeit. Um der Flüchtigkeit allen Gewahrens gerecht zu werden, bedarf es der Selbsttäuschung. Was du verstehst, löst sich in das, was es mitzuverstehen gibt, auf. In den Anklang.

Lieber ein faustdicker Knoten sein als die dünne gelöste Schnur.

Du bekommst nichts mehr mit!, sagte ich dem nachdenklichen Geliebten. Ich stellte mir vor, daß mich zu berühren, die

Frau mit dem langen Rücken, dem kurzen Haar mit Stirnfransen, etwas von der banalen Gegenwart auf ihn übertrüge, wenn ich – wenn ich vielleicht ein wenig die Knie öffnete, um ihn einzuladen, ohne meine gestreckte Figur sonderlich zu krümmen; und dieser Besuch würde die nötigen Informationen überspielen, so schnell und unkompliziert wie eine Datenübertragung zwischen zwei Speichermedien, die Frau und Mann schließlich auch sind, und es würde ihm vermittelt von Haut zu Haut der ganze Bewußtseinsplunder, den man heute so mit sich führt, wenn man wie ich mit Neugier durch die graue Menge seine Bahn zieht und überall zuhört.

Als Kind war er angeblich sehr empfänglich für Sprache. Der Vater hatte ihn früh an die unterschwelligen »Einflüsterungen« der Sprache gewöhnt. Jede innig an einen anderen gewendete Sprache steckt voller heimlicher Einflüsterungen. Auch ich glaubte, ihn auf ähnliche Weise an mich zu binden, ihn mit den Seelen-Lauten, den magischen Kräften der Sprache zu fangen.

Bevor ich nicht den Namen habe für das, was ich hier zu seinem Andenken notiere, das zugleich das Licht des Vergessens sucht, mag ich nicht weiterschreiben. Es ist etwas wie … Es ist kein Geständnis, kein Canto, kein Diario, keine Vorstudie (oh doch, eine grenzenlose Vorstudie!), keine Sammlung von bitteren Einsichten, sondern es ist … Die Schilderung einer Wolke aus dem Mund einer Wolke.

Parva poetica. Nannte er mal meine Verse. Dichterisch Geringes? Findest du?
Nein, entgegnete er, ich meine: das Geringe, das Unscheinbare, dichterisch gesehen und gesagt.

Ich werde mein Leben lang nach der unauflösbaren Chiffre suchen.

»Licht des Vergessens«, schrieb ich gerade; und drei Stunden später lese ich in einem Gedicht von Lucio Piccolo: »die im Schwinden eine Lichtspur hinterließen.«

Aber das Licht eingeheimst. Im Verborgenen hütet eine das Licht, wie auch das Licht die Verborgene hütet. Keiner ist weniger zu Haus, weder Schein noch Umschienene.

Verhaltene Freude, verhaltener Haß, verhaltene Eitelkeit. Verhaltenes überhaupt, nur noch Verhaltenes.

Man hat sich immer gefragt: Woher kommt bei einem Menschen das unterirdische Grollen? Vielleicht gibt er nur einen Mit-Laut von sich. Vielleicht tönt das Grollen der Erde durch einen hervorragenden Menschen hinaus. Ein Rabe grollt. Die Kunst grollt. Rübezahl und der Abgrund grollen.

22

Komm her, komm zurück! Fehlt einer, fehlt alles.

Aber schreien, wüten, toben, hassen wie die Karthagerin, vollkommen außer sich, rasend, flüchespeiend gegen den Untreuen, *Didone abbandonata* – eine Furie. So eine hätte ich nicht aus mir machen können. Auch ihr hat's nichts genützt. Außer daß wegen des inneren Haß-Feuers die echten Flammen des Scheiterhaufens vielleicht weniger schmerzten.
Non potui abreptum divellere corpus et undis/spargere?
4. Buch, Vers 600/601
Hätte ich nicht seinen Körper packen, in Stücke reißen und über die Wogen verstreuen können?

O lionardo mio che tanto pensate … der Ihr so mächtig sinnet!
Gedanken? Sich biegende Hochsprungstäbe, mit denen Leichtathleten in die Höhe schnellen, um oben über die Latte zu rollen.

Er hob die Schultern und sagte: »Ich denke mir … ich denke was. Es ist zerbrechlich wie Glas. Ich bin der Glasbläser meiner Gedanken. Aus der Schmelze meines Wissens forme ich durchsichtige Stücke. Gedanken? Heiße Materie formt mein Hauch.«

Geliebter Fremder, den ich bereits in Grund und Boden verdächtigt, den ich mit Argwohn zerfetzt habe, ohne je eine Kralle, einen Zahn an ihn gesetzt zu haben. Den meine Schlechtigkeit vor mir und in mir heruntermachte, ohne daß er auch nur das geringste meines heimlichen Massakers bemerkt hätte. Er geht nun hin und verkündet aller Welt (nur der »von Bedeutung«, versteht sich), ich sei seine innigste Liebe gewesen.
Bin ich es etwa nicht für immer? Müßte er mich nicht notwendig auch vor seinen künftigen Kindern so nennen?

Es brauchte wahrscheinlich weniger als drei Tage erneuten Glücks, und mein Zorn gegen den Migranten wäre für immer verrauscht. Das Ungute, das er mir war, hat einen Schiffbruch erlitten. Nichts von dem, was ich witterte, war witterbar. Keine seiner »Falschheiten« war falsch. Keine der an ihm verabscheuten Eigenschaften gehörte ihm. Ich hatte mir den ganzen Mann mit kleinlicher Ungerechtigkeit, die mir das ständige Vorgefühl des Abschieds eingab, entstellt und unerträglich gemacht. Mein von ihm seltsam verunsichertes Gefühl erfand einen Menschen im Zwielicht und voll Heimtücke. Nein, Freunde können wir nun nicht mehr werden. Er hat mich mit seiner Unschuld beschämt.

Wir sind die Tränen unvergossen
was dich verdrossen
mit uns wär's verflossen.
In deiner Brust
versteinert Verlust.

Die Frage drängt sich auf: Was machst du, wenn nichts mehr zu machen ist? Dazu frühmorgens der Blick auf sein zurückgelassenes, von mir frisch gebügeltes Hemd, das auf dem stummen Diener hängt. Der Lakai jedenfalls wird noch lange auf deine Rückkehr warten. Ich selbst liege mit mir zerworfen im Bett, und mit glatter frischer Wäsche kann mich nichts in Übereinstimmung bringen.

Wer bist du geworden neben mir? Am Ende der Säuberliche. Der Hemdwechsler Tag für Tag.

Ich rede mit ihm, unterbreche ihn, als fiele ich einem Toten ins Wort. Und korrigierte seine Ausdrucksweise.

Wenn es also um den berüchtigten »anderen« geht, wie die Philosophen ihn nennen, oder den Nächsten, wie der Christ sagt, so muß ich zugeben, daß ich, um diesen Begriffen ein Schnippchen zu schlagen, mit »dem anderen« öfter zupaar ging, als es meine Gefühle, bisweilen auch meine sinnlichen Kräfte erlaubten. Die geschlechtliche Umarmung scheint den allzu humanen Einbildungen abträglich. Sie dient nicht der zwischenmenschlichen Verständigung. Sie fände gar nicht statt ohne das Erleben einer spontanen Fremdheit, wo nicht gar Art-Fremdheit, ohne tierische Lockung, Unterwerfungslust und Kampfreizung. Wenn dann zwei einstimmen in ein großes Verwundern, das sie voreinander empfinden, haben sie das Beste von »der andere« schon erfahren.

Zur Unzeit habe ich meine Zeit besucht.
Ich konnte nicht leicht sagen, was ein anderer früher, zu passender Zeit gekommen, leicht über die Lippen brachte. Doch ich kam, um dasselbe zu sagen, nämlich etwas, das mir seit jeher das dichterisch Liebste war. Der tiefste Vorsatz der Natur ist es, dasselbe hervorzubringen. Nur die wechselnden Umstände, das spielerische Versehen, im ganzen: Die Launen der Zeit erzwingen die Anpassung durch Veränderung.
Diejenige aber, die dasselbe sagen will, was sie von früher vernahm, wird zu ihrer Zeit etwas Unpassendes sagen. Nur bleibt es offen, ob ihr Unpassendes zu einer fruchtbaren oder einer nicht überlebensfähigen Mutation gehört.

Aber! ... Ein starkes Gedicht beginnen, heißt es ertragen, daß Dichtungsjahrhunderte wie das Himmelszelt über dir einstürzen, die Wetter alles je Berufenen und Beschworenen dich ertränken wollen. Über jedem sich aufrichtenden Vers braut sich ein Dichtungsgewitter zusammen.

Vom Fuß der Seite aufsteigend, schwarz verschlaubt die Hinterbliebene. Mein Vers trauert um so viele erloschene Verse vor ihm. Um so viel Erlöschen in ihm. Wie im Stein der Einschluß Erz, so der Einschluß »Verschwinden des Gedichts« im blühendsten Vers.

Der Zurückgebliebenen einfachstes Bild ist die Frau, die auf dem Bahnsteig der abfahrenden Schwester nachwinkt, solange sie sich aus dem Fenster lehnt. Zurückgeblieben ist, wer zu Haus bleibt, wenn die anderen aufbrechen und abreisen in die Stadt, in die Ferien. Ganz zum Schluß ist es auch die, die geistig nicht mithalten kann.

Zuweilen spürt sie hinter sich einen leeren Raum, der ihr anhängt, ihr auf dem Fuße folgt, süchtig, saugend in ihrem Rücken. Etwa wenn sie abgewandt an einem Tresen sitzt und der Raum hinter ihr schnell an Tiefe zunimmt, Geräusche sich entfernen und wiederum eine absorbierende Leere im Rücken sich öffnet, die sie von ihrem Platz ziehen will.

Zwei geschrumpft-verschrumpelt, auf Steckrübengröße gemindert, *ledern*, Mann von Frau kaum zu unterscheiden, Wurzen ohne Geschlecht. Nur wenn sich ihre rissigen Lippen trafen, wenn sie sich küßten, vergrößerte sich wieder das Paar. Doch besaßen sie weder Begehren noch einen Not-Trieb zur Vereinigung. Den Kuß gab es nur als Zeichen der gegenseitigen Ermutigung, weiterzumachen wie bisher, es auszuhalten, das ganze Ausmaß der Verkleinerung, Vertrocknung, Verlederung.

Ich will mir eingestehen, daß ich oft meine Leidenschaft nicht auf einen wirklichen Menschen gerichtet habe, sondern auf ein mittleres Körperbeben, das keine Richterskala verzeichnet und das später leicht mit einem täuschend ähnlichen verwechselt werden kann. Wessen Seele bewegt schon ein behendes Liebesspiel? Solch ein Spiel ist nur eine andere Form von Gewitztheit, und das Glück, zu dem es sich vielleicht versteigt, ist eine Pointe im Blut.

Des Begehrens wert sind nicht Auge, Knie und Kinn, des Begehrens tatsächlich wert ist nur die gesamte Existenz eines anderen. Sie will man sich einverleiben, daher die freiheitsberaubende Umarmung.

Ich bin der Krug mit einem feuchten Riß am Bauch, ein Krug, dem so viel Leben eingeschenkt wurde, das er langsam wieder verlor.

Und da sie nun hart im Untrug erwacht, ist wie eine Lampe, die an ihrer Stirn zerbricht, der grelle Morgen.

Und wenn mich einer anredet im Rücken – ist nicht mein Name alles, was Halt! sagt?

Welch ein Stehenbleiben! Welch grausamer Anruf, auf den

kein weiteres Bitten, keine Botschaft folgt! So geht's doch zu unter Menschen: angerufen sein ohne Weisung. *Auf*gerufen nur! Wie im Klassenzimmer. Daraus steigt der Wirbel der Verlegenheit.

Wenn jemand zu ihr sagt: »Guten Tag!«, dreht sie sich verwundert nach dem Grüßenden um und fragt sich: »Was wird er nur gemeint haben?«

Obwohl sie im äußeren Leben wie andere auch meist auf Betonwegen ging oder Asphalt, tat sich in ihrem Herzen bisweilen die Erdspalte auf, daraus pythischer Rauch stieg und sich mischte in ihr Blut.
Manch einem war, als ob sie, von Geistern heimgesucht, gar nichts mehr herausbrächte als ein Abrakadabra. So hörten's die Frauen im Reisebüro, gestammelte Laute, in denen ein flehentliches Bitten um Heimflug lag. Heimflug wohin? Sie hörten bloß eine *Ausländerin* radebrechen, als sie ein paar Brocken ausspie aus ihrer vorzeitigen Welt.

In der Stille wird das Gesicht des Vermißten hell und aufmerksam. Mein Flüchtling sieht nach mir. Er scheint sogar auf mich zu warten. Er will doch wissen, was ich ohne ihn anfange.
Tu alles so, als sähe dir dabei der Liebste zu.

Angelangt am Umschulungsziel, säß ich fleißig im Büro, in etwa so säße ich da, und müßte Transporte organisieren, Logistin, Chefdispatcherin, so säß ich da. Von fern gesehen, erfüllt ich Männerträume.
Ein Vorsteher betritt das Großraumbüro mit den vielen Gleichsitzenden, Gleichstarrenden vor ihren Displays und sagt: »Guten Morgen, Herr Bender.« Er spricht die vielen Gleichen mit einem Sammelnamen an.

Letzte Etappe der Unverborgenheit: Eines Tages wird auf jedermanns Stirn erscheinen, was hinter ihr sich abspielt.

Nicht-angesprochen-Werden kann bei einem selbst zu einem vollständigen Verstummen führen. Nicht-angesehen-Werden kann bei einem selbst eine innere und äußere Unansehnlichkeit zur Folge haben. Es kann aber ebenso gut unter dem hohen Druck des Entzugs von beidem, Ansprache und Anblick, dazu kommen, daß plötzlich aus allen Poren des Mauerwerks die schönsten und reichsten Stimmen hervordringen und daß man hellhörig wird für den Geliebten in seiner Abwesenheit, wie man es in seiner Gegenwart nie war.

Schall, Tagwerk meiner Hände, wenn ich über das Wasser rufe: ihn.

Ich glaube eigentlich nicht, daß er ein Herz besitzt. Da wird nur eine blubbernde Zyste sein in seiner Brust.

Er hat sich von meiner Blöße abgewandt. Nicht von der Haut zuerst, sondern von dem, was ich sang und sagte. Solche Blöße ist immer noch erschreckend und ist es um so mehr, als körperliche Nacktheit die Gebärde der Scham verlor. Während man sich unseliger Worte sehr wohl noch schämt.

Der Feuerreif, durch den der Tiger springt, das Scheuen, Fauchen, dann der Satz – so die Dressur des Schmerzes.

Ich habe dein verfaultes, aschgrünes Kreischen in der Nacht gehört. Ich sah die schlaffen Speichelfäden in deinem eitrigen Mund. Die schwarze Zunge und die schweren Zähne, den moosigen Befall des Gaumens, alles Geschrei. Dir fehlte der hackende Schnabel, wie du ihn dir erträumt hattest, da war nur ein hilflos klaffender Greisenrachen neben einem kalten, schon halb in die Erde gewachsenen Ohr.

Ich wurde ins Unrecht gesetzt.
Ich habe in vielem unrecht gehabt.
Aber habe ich jemandem ein Unrecht getan?

Sie, die den Glauben aus den Versuchungen gewann, denen sie widerstand. Gleichsam aus tausend Schritten des Vermeidens.

Sie bewohnte zwei Zimmer. Das kahle der Asketin und das üppige der Luxusdirne, in dem sie ihre Liebhaber empfing. Stets aber befand sie sich im Zimmer nebenan. Sei es, daß sie sich der zeitlosen Weltverachtung ergab, und zwar im selben Raum und sogar zur selben Stunde, da sie der zeitlosen Lust huldigte, oder umgekehrt.

So daß sie auch einmal einen braven Freier mit den falschen Worten, den Worten von nebenan empfing:

Ich bin vom Aas dieser Welt. Du steigst zu mir in die Fäulnis, in den Gestank hinab oder du kehrst dich von mir. Ich kann dir keine Reinigung bieten.

Oder sie sprach zu sich selbst im kahlen Zimmer:

Hier bin ich, *eben noch,* zupaar gegangen. Jemand kam und brach wie Brot das »Wir« mit mir.

23

Kerle, die allzu große Stücke auf mich hielten und Eigenschaften lobten, die man besser nicht besitzen sollte. Aber weil sie nun mal loben müssen, lügen sie und verwahrlosen beim Rühmen, kurz darauf werden sie ausfällig.

Zwei Männer und ich im dünnen Hemd. Ihre Hände halten die meinen und heben sie in die Höhe, als wollten sie ein Menuett oder die Polonaise mit mir tanzen. Rechts und links küssen sie meine Fingerspitzen. Rechts und links wende ich mich beiden zu und lächle den einen wie den anderen vielversprechend an. Doch plötzlich beiße ich wild links, wild rechts je in eine Männerhand. Nun endlich sieht es jeder, daß meine wie zum Tanz erhobenen Hände, die rechte wie die linke, immer fester umklammert, immer entführender geführt werden. Denn was wie höfische Gebärde und Gunst begann, in Wahrheit war es formvollendete Mißhandlung.

»Sie sind bestimmt der Jüngere von beiden«, stöhnte ich nach links. »Und Sie der Ältere«, nach rechts. »Sie sind wahrscheinlich der Jäger. Und Sie der Schneidermeister. Au! … Oder sind Sie beide Zirkuskünstler? Sie der Seiltänzer und Sie der Löwenbändiger. Au! Aber wer bin ich?

Oder sind Sie Ralleyfahrer? Und Sie Marktforscher … Au!«

Der Jüngere: »Es kommt darauf an, daß du bis zuletzt eine gute Figur machst.«

Der Ältere: »Bis zuletzt ein braves Mädchen bleibst.«

»Ich heiße Rose«, sagte ich dem mutmaßlichen Seiltänzer, »und werde deinen Bauch eine Zeitlang bewohnen, um mich später in deinen Eingeweiden vor Sieben Großen Herren zu verstecken.«
Wenn man, in die Enge getrieben, keine Aussicht mehr hat, wird man zuerst bissig, dann biestig, zuletzt bestialisch.

Man sagt sich: keine Sperenzchen mehr! Und unter der Hand flattern hübscher denn je die Sperenzchen herauf.

Meine Mutter! Mit ihrem steinern werdenden Leben ging einher die Gewohnheit, die ihr zugehörigen Dinge wieder und wieder abzuzählen. Sie sagte, sie müsse beinahe stündlich die Rechtmäßigkeit, die Richtigkeit, die Zulässigkeit all der Dinge prüfen, die den Raum mit ihr teilen. Es war ihre Erwartung, daß sie in karger Luft zu einer steinernen Figur wird, die über Jahrhunderte in Ruhe verwittert.

Es ist der Hahn vom vorigen Jahr, der jeden Morgen als den ersten sieht und daher kräht, erregt von etwas nie zuvor Erblicktem. Dem Hahn ist jedes Morgengrau Schöpfungsbeginn und jedes Krähen das erste seines Lebens. Es fehlt ihm der Sinn, Einmaligkeit von Gewohnheit zu unterscheiden.

Der Cornusstrauch wischt nachts an der Hauswand auf und ab. Ich soll raus und mich triezen lassen von Sturm und Hagel.

Ich soll raus, ich soll davonirren, fort von meiner Bleibe, abgewiesen an den Türen fremder Häuser. Die Sträucher wollen die, die die Ungewißheit predigt, davonjagen.

Du nie wieder!, rief die Nacht dem ergrauenden Morgen zu und stellte sich quer.
Du nicht mehr, befahl sie am Abend dem schwachen Tag.

Da wir nun Nachzügler sind, Nachzügler des vom Menschen begriffenen Menschen, vielleicht auch der Sprache, der Liebe, der Arbeit, wie nur der Mensch sie verstand, bleibt von uns kaum mehr als das Bild, das die Geräte überliefern werden. Nirgends ein Gleichnis.

I am the thing that I am. Das Ich-Ding bin nicht mehr ich.

Bin ich nicht oft genug handlungsstarker Geschehnisse Nebenstehende gewesen, blieb ich nicht achselzuckend unbeteiligt, weil ich sie für so gut wie ungeschehen ansah?
Was kann ich für euch tun, ihr verzweifelt Handelnde? Wie könnte ich Abhilfe schaffen euren unansehnlichen Zappeleien? Kommt zu mir herüber und laßt alles sein.

Die Ruhe, die er gab, war, daß ihm der Schrei im offenen Maul verdarb. Zerfall des einen Rufs, der unwiderruflich sein sollte.

Das heimliche Ineins von Ruf und Widerruf in einem offenen Wort wird nur selten vernommen. Vernommen wird sofort das vordere Ja! – ohne das untergründige Nein, das kurz darauf ausschlaggebend wird.

Warum erzählt sie einem Mann, der sie anbetet, die Geschichte von einem Mann, den sie anbetete? Tut sie es etwa mit dem bitteren Ansinnen, es ließen sich die beiden vertauschen? Der, der sie anbetet, möge doch der sein, den sie anbetete.

Sie hatte sich mit Krankheit manchen Mann, den sie nicht oder nicht mehr liebte, vom Leibe gehalten; hatte andere, die ihr gefielen, an sich gezogen mit einer Krankheit. Hatte sich dem einen mit Krankheit interessant, dem anderen abstoßend gemacht. Es hatte ihr nie etwas um ihrer selbst willen gefehlt.

Drei Körperkehren ergeben ein Zuzweit: Anblick Umarmung Begleitung.
Voreinander Ineinander Nebeneinander.
Eine vierte aber ist Abkehr des einen vom anderen.

Wenn Sommer will, bleibt ein Paar Schuh leer im Feldweg stehen, ausgeflogen der Gänger.

Leben, ein Testlauf, dessen Auswertung der Proband nie erfährt. Zuweilen betäubt ihn die Neugier und ist ihm beerdigt zumute. Es anprobierend steckt er im Fleischhemd (Althochdeutsch für Leichnam: lihhamo; lih *Leib,* hamo *Hemd*).

Apfelernte im August. Jeder Griff nach der runden Frucht: der Urgriff? Tatsächlich gedenkt die Gebärde selbst des verhängnisvollen ersten Mals, und zwar indem sie dieselbe blieb. Während das Bewußtsein kein vergleichbares Erstes kennt – es trat ja auch nach der Erkenntnis von Gut und Böse erst in Kraft.

Für uns beide war sein Fehlgriff der ersten Stunde etwas Ähnliches wie ein verschluckter Eiswürfel vom Begrüßungscocktail. Als er mich an sich ziehen wollte, meinen Unterarm packte, drückte seine Hand kräftig auf das Ziffernblatt meiner Armbanduhr. Der schnelle Griff hieß Jetzt-oder-nie, ein Schmerz war es geworden. Es greifen nämlich oft zu eilige Arme am Halbrund einer Frau vorbei.

Der Sturz des Meteoriten zieht einen diamantenen Riß durch die Wange der Nacht. Schon über dem Horizont ist er vergangen. Auch ein aus der Bahn geratenes Liebeswort schießt an der Geliebten vorbei und zieht eine Leuchtspur in die Nacht. Ach, denkt man: Abirren bei Worten ist schöner als treffen!

Ja, dies ist der Schlußstrich, und der Schlußstrich ist so lang wie eine Ballettstange, an der sich ein paar erfundene Figuren – oh, sie waren einmal mein Laufwerk, mein feinstes Bewegungsspiel! – festhalten und ein paar müde Tendus üben, ein paar Übungen zur Ertüchtigung, die sie ertüchtigen zu gar nichts mehr.

Die Unbekannte, die anrief: »Sandra? Du hörst dich heute so komisch an?«
Ich: »Wen wollen Sie sprechen?«
Sie: »Sandra, hast du was? Na, sag ich doch. Irgendwas ist.«
Sie läßt sich nicht davon abbringen, daß ich Sandra sei, die ihre Stimme verstellt, die so tut, als hätte die andere sich verwählt, die nur so tut, als sei sie nicht Sandra. Da komme ich nicht mehr raus.

Das meiste, was der Spiegel sieht, sieht sich nicht in ihm. Die Fliege vor ihrem Doppel ziert sich nicht. So wenig wie der alte vertrocknete Blumenstrauß vor Scham die Lider senkt. Noch wird das dunkle Ahnenbild im Hintergrund, das er seitenverkehrt bis zur Entstellung wiedergibt, jemals an sich zweifeln.

Und da das still Gespiegelte selbst nichts spürt von Alter, Wehmut, Grauen, gibt's eine helle Träne, die der Spiegel selber weint.

Die in ihrem Deutsch Gefangene, Dichterin, steht unter Aufsicht. Es sind vor allen anderen die Symbolbildner Goethe, Novalis, Rilke …, die sie bewachen und sie nötigen, täglich mindestens eine glaubwürdige Chiffre zu finden, immer aufs neue ein Tiefenbild zu wählen, um aus dem unkenntlichen Alltag den je kenntlichen neuen Tag zu modellieren.
Die Friedenstaube, ihrer banalen Routine-Symbolik überdrüssig, erklärt sich bereit, fortan die frischen Chiffren zu spenden. Und so gibt es heute keinen *Alltag* mehr. Stattdessen eine stete Folge unwahrscheinlicher Tage, von denen dank des chiffrenspeienden Vogels und dank der nimmermüden Dichterin keiner dem anderen gleicht.

Migrant! Geh davon und such dir eine Frau mit Pfiff. Einen Verstand mit Pfiff. Schönheit mit Pfiff. Oder eine, die überhaupt nur aus Pfiff besteht.
Denk aber auch an die drei goldenen Knöpfe und ihren verrutschten Abstand auf der Kostümjacke deiner Manegen-Assistentin über ihrem steigenden Bulge-Busen. Darauf denk an die Bulge selbst, *unda tumescens* haben wir den Busen genannt, den schwellenden. Von dort aus erinnere dich an die Frau, die du liebtest, und vergleich sie noch einmal der sich aufbäumenden Woge.

Fußspitze wird Liebesspitze, die unter Resten schürft, die Rosen waren.

Das damals mit dir. Titel, auf den nichts folgt als eine gesummte Melodie, zu der er den Text vergaß.
Dein Gesicht, unerbrechliches Siegel, verschließt unsere Geschichte.

Wo die Nacht des hohen Tanzschritts schwand, dient der Fußspitzstand nun dem Versuch, ein wenig über den nächsten Mauerrand zu spähen.

Als du mich, deinen Traum, balanciertest wie eine zerfließende Vase, als du mich über die Schwelle in die Höhle trugst, sahen einige ausspuckende Gesichter von Jungen und Mädchen durch ein Felsloch unserer Hochzeit zu.

Also wir beide … an dem Tag, da uns die Sonne ausschloß …

Die Scham besaß einmal eine Glut, von der das Erröten nur einen schwachen Widerschein gibt.
Man hat die Scham verdrängt und ihre weltbewegende Kraft unterjocht oder umbenannt oder verharmlosendem Sittenkram zugeordnet.
Scham, namenlose Scham, das größte, einzige, alles andere überrötende Gefühl. Scham nicht des überführten Betrügers oder des erschöpften Lüstlings, sondern Scham des Redners Mensch, der seit Babylon unter dem Fluch des Worteverfehlers sprechen muß.

Die Seele wählt sich eine andere Gesellschaft als die Lust.

Über Nacht wurde ihr das Christentum zu einer einzigen leibseligen, alles Geistige in begeisterten Körper, alles Begriffliche in Greifbares wandelnde Religion. Es war wie die Einsetzung göttlichen Sinns in die Sinnlichkeit.
Allein Religion besitzt das höchste *Umwandlungsvermögen*. Ein Wort, das einmal der Dichter Paul Valéry als Synonym für unseren Geist vorschlug.

Ein himmelstürmend Weiß – ein Engelweiß: die Kirschen- und die Birnenblüte. Die Farbe der Unschuld tritt in den Dienst der Fruchtbarkeit. Die Dehnung der Zweige, Pracht und Masse der Blüte verengen den Raum, der dir bleibt. Alles füllt sich, rückt aufeinander zu. Was suchst aber du in so viel Kommen? Im kahlen Herbst revoltieren die geistigen Kräfte. Vor der Fülle kapitulieren sie. Die Träume werden fad. Sie haben nichts mehr auszugleichen.
Vorm Rosenknauf, dieser Faust voller Kraft, kurz vor der Entfaltung, zieht's uns zur Nachahmung, zum Ausbruch von allem, was wir selbst in der Knospe verschlossen bei uns tragen. Spät, vor dem letzten Entblättern möchte sich jeder noch einmal zu Rosenknaufstärke verschließen.
Über dem Magnolienduft vergehen einem die Begriffe. Es besteht die Gefahr, von einem solchen Arom, tief eingeatmet, und kniend vor der Blüte, das Opfer des Verstands zu bringen.

Manchmal sieht sie sich in späteren Jahren, eine hohe Magere, dicht beim Fenster stehen. Wißbegierige Autorin, ein altes Nachschlagewerk in den Händen, das sie aufgeklappt ins trübe Nachmittagslicht hält. Die Brille hat sie abgenommen, den Bügel in den Mund gesteckt, und studiert von nahem, was sie nicht behalten kann. Ein Blick fällt nebenbei hinunter auf die Straße, an der einst ihr Erraten und Erahnen hing. Jetzt läßt sie die Menschen unausgemalt vorübergehen. Die Mode hat sich wieder mal geändert, kein Bein, kein Schritt verrät ihr noch ein fremdes Leben.
Da gibt's nichts mehr zu erraten. Sie habe mehr erraten, zeit Lebens mehr, als diese Wirklichkeit verborgen hält.
Sie schlägt im wesentlichen nach. Sinkt von einem Eintrag in den nächsten, spezielleren. Hingegen wird, was sie selber zu Papier bringt, ihr immer zweifelhafter. Je länger sie klickt oder blättert, um so mehr Funde lassen sie erbleichen: Das Kühnste, das sie von höchsten Vorsprüngen als erste auszurufen meinte, gehört seit langem schon zu anderer Leute Gemeinbesitz. Wo sie besonders stolz auf eine originale Fügung war, hatte das Ungefähre einer Erinnerung den Stift geführt. Der glühendste Auswurf kam aus einem Krater, in dem Vergessenes rumort.

Sehen, *eben noch*, bei sinkendem Lid, während das Schöne Gestalt für Gestalt dem Auge sich entzieht, unkenntlich wird – dafür das durstige Horchen zunimmt nach den unerklärlichen Geräuschen, wenn wieder etwas von unten an den Schild der Erde pocht.

Verführt wie Merlin von der klugen Viviane, so hatte auch ihr ein Ungetreuer die Kunst entwendet und sie eingeschlossen ins Gebüsch ihrer Verse. Dort hockt sie und kann sich kaum rühren im dornigen Reisig.
Dies Martergesträuch, es steht auf gegen sie, es zerrt sie tiefer in seinen stachligen Wirrwarr. Das ist der Dornbusch!, sagt sie, und diesmal werden weibliche Hilferufe seine starke Stimme sein. Das Gedicht wird Gedickicht!

Niemand hört mehr die im Busch lebendig Begrabene. Ich spüre: Es wächst und wächst, es strebt noch inniger ineinander, sobald ich nur ein Wort vors andere setze. Ich erlebe, daß mein Erleben und alles, was ich denke, was mich bewegt, aus mir hervortritt und den Busch vermehrt, mich immer enger umgibt und mit Dornen fesselt. Daß von jedem Gedanken ein Zweig ausgeht und das Gestrüpp mehr und mehr wird, Wucher und Wust, in dem ich genau wie der entmachtete Zauberer einsitze, um nie wieder herauszukommen aus der wilden Verzweigung. Es bleibt keine Wahl, als in der Unzugänglichkeit meines Gedichts auszuharren.

Wenn der Schnee kommt … wenn der Schnee kommt, die für dich hinterlegten Ereignisse …
Nichts spricht dafür, daß das das Leben war.

»Laßt, ihr Rosen, weg mich geben.
Lebt, ihr Rosen, ihr mein Leben.«
Wilhelm Lehmann

24

Eine seltsame Mädchenfrau ging mir voraus auf dem Feldweg. Grashalmzupfend sprach sie mir ins Gewissen und sah dabei auf ihre Füße. Ihr Haar war dunkelblond und lasch. Über der runden Stirn stand ein Büschel ungefärbter Punkstachel. Die Ohren frei, von einer flachen Locke halb umrundet, die sie zuweilen mit den Fingern nachzog, während sie sprach. An den Ohrläppchen ein kleines Gehänge mit einem Onyx-Stein. Sie trug ein schiefergraues Leinenkleid, die Taille umfaßte ein schmaler Gürtel. Der vorgeneigte Kopf gab den Nacken mit kräftigen Halswirbelkugeln frei. Ich hörte ihr zu, ich hörte auf sie, wenn sie mir meine Chancen und meine verpaßten Chancen aufzählte und mir mein weiteres Schicksal »auf dem Wellenkamm« ausmalte, während sie eine Halmrispe nach der anderen vom Wegrand riß und zwischen den Fingern zerbröselte (und dann an den bestäubten Kuppen roch).
Aber war sie nicht dieselbe, das Mädchen, das hilflos nach der großen Überschwemmung umherirrte und für die ich einige Stufen in den steifen Schlamm trat?

Es war das Ende der Verlassenheit, der schmerzhaften Lösung vom Flüchtling, wohin mich der Gang mit ihr führte. Es lag ein Sieg in ihrem Schritt, vielleicht der Sieg der Mir-Voranschreitenden … Damit war das beliebige Verführen, dem ich mich sonst auf meinen Stadtgängen überließ, zu einem stetigen Führen begradigt und versichert.

Ein Nichtgläubiger sollte es einmal auf sich nehmen, ein Nichtgläubiger von allem und jedem zu sein! Ja, den möchte ich sehen, der nichts und niemandem Glauben schenkt.

Ich sah die Finger des ungläubigen Thomas für alle Zeit in der wie ein blutiges Maul immerzu schlingenden Seitenwunde, der er sie nicht mehr entwinden konnte.

Nach Kleidern fleht die Sprache: Kleider! Gebt mir wallende Gewänder! Man hat mich in Hot Pants gesteckt, in Jogginghosen, mit Flicken bestückte Jeans.
Ich brauche eine Robe in Weiß, so feierlich unschuldig wie eine frisch geschabte Selleriestange. Ich will so anmutig sein wie ein Sackhüpfer im Weizenfeld.

Kleider formten ihren Leib, Kleider schufen die Königin. Man konnte sich nicht vorstellen, daß sie ohne Gewänder überhaupt begehrenswert erschiene. Ihre Nacktheit blieb selbst dem Liebhaber verborgen. Der Lust hatte zu genügen, ihre Kleiderhäute Falte um Falte zu öffnen, die Stoffe zu streicheln und zu kosen, ja, schließlich auch mit Begierde zu zerwühlen, zu packen, aufzureißen – ohne dabei auch nur einen Streifen nackte Haut zu berühren. Auch wenn die Blöße unter den Kleidern zu sich lockte, gerade mit ihrer Unerreichbarkeit. Allein kurz vor der Verausgabung gab sie den Weg frei, aber da herrschte der Taumel, da war kein Gefühl für die Haut.

Vom Wünschen schläfrig, ermattet, stand ich wieder in den Nebeln am Meer. Da erhob sich ein Mann stangengrade in dem Schwaden und grüßte mich, wie ich nie zuvor gegrüßt worden war. Ich drang nun vorwärts in den Nebel, wollte über den Strand zu der aufrechten Gestalt. Nie im Leben so gegrüßt worden! Ein Wundergruß in der dampfenden Luft, unwahrscheinlich, doch offenbar nur mir entboten. Kaum kam ich ihm näher, wich er sacht zurück und war zum Meer hin kaum noch zu erkennen. Nie im Leben so gegrüßt worden! Wie von dem Mann aus dem Schwaden!

Übermut, Seitensprung des Herzens, das meine Traurigkeit betrog.

Weltherrscherin Enttäuschung.
Il trionfo del tempo e del disinganno.

Warum weinen sie? Sie weinen, weil sie reden. Immer nur reden. Nicht kämpfen nicht singen nicht lieben. Sie weinen beim Reden, weil sie nur reden. Manchmal schluchzen sie sogar, vielleicht weil sie einander kein Wort glauben.
Doch hört man nicht am Grund des Redestroms die runden

Steine rollen, als ob etwas Schwer-zu-Sagendes sich ankündigte?

Mein geliebter Bastard. Die Augen hell, die Lippen rund, doch streng. Alles an ihm, auch drei, vier entschlüpfte Worte, versuchte mich zu versichern, mir klarzumachen: Du warst der erste Aufenthalt, ein kurzes Schwanken auf dem Weg zu meiner Gründungsstätte … Dieser Bastard! Der Gutmütige im Wechsel mit dem Hinterhältigen. Der Reinliche im Wechsel mit dem Ungepflegten, der Wohlsortierte im Wechsel mit dem Chaoten. In der Arbeit, der Dichtung war's nie die Misch- und Wechselform, die mich befriedigte. Und war sie's in der Liebe nun? Vielleicht als ein Mittel, dieser zur Welt hin verschlossenen Hochzeit endlich die Tür zum Üblichen, zum Halblang, zum In-etwa-so aufzureißen?

Die Kaffeeränder wischt er mit der Handkante vom Tisch. Von dort ist es nicht weit zum Tic, sich ohne jeden äußeren Anlaß mehrmals am Tag die Hände zu reiben, als freute ihn etwas diebisch oder als stünde er kurz vor einem tatkräftigen Einsatz.

»Was aufleuchten wird und was gestürzt werden soll, das wird ohne eines Herrschers Willen geschehen, ohne eines Volkes Wahl. Der Wille wird nichts sein, das Ineinander selbstherrlicher und wirkungsmächtiger *Ereignisse* alles.«

Darauf ich mit falschem Ernst: »Ich muß sagen, so gesehen: Nichts wie voran!«

Draußen vorm Eingang – zur Akademie, zum Mysterium, zum Tempel, zur Szene, zur Arena, zur Stadt der Gelehrten … Draußen vorm Eingang zur Akademie! Endlich am Ziel! Unruhig und unentschlossen, mit dem pochenden Willen, erst mal draußen zu bleiben, trippelnd auf und ab, nah dem Eingang, unlöslich von der Pforte, der man die aufschließende Frage nicht stellen wird, vielmehr der Pforte andächtig ergeben, mit allen Sinnen verfallen.
»Unser Wissen gründet im Vorbehalt«, ruft er in die Luft.
Er könnte hinein: jederzeit die Pforte aufstoßen mit einem Schrei – die Versammlung der Tuschelnden im Flur erschrecken, verscheuchen, der Sprache berauben, unwissend machen für ein paar Schrecksekunden.

Er kann erlauschen, was drinnen vor sich geht. Oder sich mit stampfendem Hin- und Hergehen von den alten Geräuschen abwenden, dann plötzlich die Akademie im Sturm erobern, die Versammelten erlösen von den Gewissenqualen des Wissens – und endlich ganz von vorn beginnen.

Der Männliche, erst recht der Lionardo-Typ, muß schöpferische Phantasie besitzen. Er muß uns unbekannte Dinge zu vertrauten und bekannte wieder zu unvertrauten und neu gesehenen machen. Er muß hineingreifen in das herumliegende Zeug und überall etwas, das seine Hände erst formen müssen, hervorholen. So jemand muß nicht viel wissen, aber viel schauen, viel erblicken. Sein Geist muß wachsam sein, so daß er jede Gefahr früher als andere wahrnimmt, kurzum: Er muß mehr sein, als eine Akademie gebrauchen kann!

Die Plage der unnütz Klugen … die intellektuell Bandagierten, die nichts berühren können und die nichts berühren kann; die nichts mehr sehen und erfinden, die mit schmalen Lippen Wörter knacken. Die Gemüts-Invaliden, die ihr Sprachhaus angezündet haben und sich dabei selbst in Flammen steckten, und jetzt haben sie kaum noch atmende Haut, und nur die Bandagen halten ihren Zerfall auf! Sie leben halb erstickt und spüren nichts Kommendes mehr.

Es gab Stunden, in denen ich glaubte, daß ich ihn nie wieder empfangen würde. Es gab Tage, an denen ich nicht mehr seine Frau sein wollte. So überspannt und so erschlafft war meine Erwartung. Und so sehr verabscheute ich seine berufliche Zuversicht. Stunden, in denen ich aus schläfriger Treue auffuhr, erschrocken, empört, unbändig, mit Klumpen von Schmutz und Schmiere bedeckt, entschlossen, mich von jedem Anstand zu befreien. Anstand, den ich so lange genoß, bis ich mich schließlich ekelte vor ihm.
Wer spricht?
Weiß nicht. Ich nicht!

25

Aufstehen, lauschen, gespannt sein, sich wieder setzen, abwarten. Irgendetwas ausschließen. Das war's. Gut gemacht. Und gleich noch einmal! Aufstehen, lauschen ...
Das nächste Mal beim Kartenlegen, das Blatt offen auf den Tisch schlagen, aufstehen, zwei Blusenknöpfe öffnen, vor dem Fenster stehen und einen unumstößlichen Entschluß fassen.
Zwei Stunden später. Aufstehen, lauschen, gespannt sein, sich wieder setzen, abwarten. Das war's, gut so, mehr nicht. Und – noch einmal! Aufstehen, lauschen – und sich dabei erwischen, daß man nur noch so tut als ob. Als ob man lauschte, als ob man gespannt wäre.

Nacht und nah, fast dasselbe Wort. Neben ihm, dem Wissenssack, bin ich das weibliche, das nächtliche Gedächtnis.
Noch in die Spalte zwischen Erde und Tartaros, Chasma, jenen »widrig modrigen Schlund«, dringt ein das männliche Himmelslicht.

Der milde Wintermorgen seiner Ankunft. Die Stunde gilt es feiner noch zu isolieren von allen folgenden; sie muß leuchten wie der blühendste Falter auf dem Minuzienstift.

Sich wichtigtun ist unter den Menschen das meiste Tun.

Und da sie nun seinen ungeschönten Kopf von vorne sah, das Auge befangen von Voraussehen, der lange Blick, als wollte er bis ans Ende des Blickens reichen … Ein leeres Gesicht, auf dem, wie von fern herbeigeweht, das Lächeln eines sehr alten Mannes sich niederließ.

Der Nebel, der aussieht wie das Vergessen selbst. Er umhüllt und durchdringt sie, und sie vergißt … Nichts wird sie erlösen als Auflösung, grenzenlösende.

Ich sprach in der Absicht … ich träumte unter dem Vorwand, in ihm wieder aufzutauchen … ich beging Untreue in dem Bewußtsein … ich entbehrte, weil …
Ich stottere dies, weil wir unter der Sonne ein Leben lang nach Entschuldigungen suchen.

Ich spreche immer noch dieselbe Sprache, in der sich alle Welt verständigt. So wenig vom Fleck gekommen. Manchmal wundert's mich, daß so eine Abgetrennte immer noch nicht stammelt oder sich in eine selbstgemachte Sprache zurückzieht.

Gestern, als das Meer kochte: schnelle rauschende Wellen, querschießend im Saum, wie eine zischende Zündschnur von

rechts nach links schnellend. Es war dunkel und stürmisch den ganzen Tag. An der Graugrenze zum Horizont stob der Schaum empor wie aus Geysiren.
Und ich ging, betört von einem Tag, der kommen würde, am Rand der tobenden See. Da rief er mich aus der Dämmerung, als ich den Kopf wieder auf die eigenen Füße gesenkt hielt und dachte, daß ich zum Tod hintreibe wie der Fluß zur Mündung. »Elissa!«, rief er, und es war eine Warnung.

Wollten wir einst Vortreiber der Welle sein, so gefällt es uns heute, jede Welle im Sande verlaufen zu sehen.

Unter den Passanten der Straße bin ich eine Frau, die keine Figur macht, nirgendwo herkommt, deren Gang nicht ausgerichtet ist auf irgendetwas oder irgendwen, die durchdrungen von nichts dahingeht, die nie jemand war oder deren Jemand, der sie mal war, verschwunden ist und keinen Hof mehr um sie bildet, keinerlei Nachwehen.

Vergessenwerden, ein Überlebenselixier.

Ein Diamant übersteht die Zeiten und Wetter. Ein Diamant kann älter sein als die Welt. Schrieb Paul Valéry über Stéphane Mallarmé. Meint er etwa, daß die härteste, beständigste Poesie doch eigentlich aus interstellarer Materie bestehe?

Heulen um fünf am Morgen in den Garagen der Stadt die Motoren, heulen sie wirklich? Heulen sie wie Wölfe, Kranke oder verirrte Kinder? Springen sie an, wie die Fohlen auf der Weide springen? Brummen sie gar wie die Fliege am Fenster?
Von uns Wilden erhielten die toten Dinge atmende Namen.

Oh, der Worte servile Beflissenheit, uns ein *Etwas* in die Vorstellung zu befördern. Etwas Ansehnliches, das nicht sie selbst sind. Denn es gibt kein *schönes* Wort! Jedes ist ein lettrischer Krüppel. Man kann an ein Wort glauben, aber kann es kaum herzeigen, so zerfurcht ist es.

Welch eine Lebensfreude erfüllt die Hinaustretende am Morgen!
Das lodernde Grün, die starke Fülle, die flüstert: Es fehlt nichts mehr … Auch Platanen und Akazien, Eiche und Ölweide sind jetzt rund und erfüllt. Schwer und überhängend die Büsche. Stille und Sonne und harter Nachtigallschlag.
»Wenn man eine Biene ist, gibt es am Morgen keine Ausrede: Man muß auf Honigsuche gehen.« Henri Michaux

Drüben am anderen Ufer tauchen manchmal die Freundlichen auf. Dann ist es ein bitteres Gefühl, nicht längst schon unter ihnen zu sein, die einer den anderen nicht treffen mit treffenden Worten, sondern die lange und mehrmals erraten, was sie sich sind.
Sie mußten sich ablauschen das Gesagte in jedem Satz. In äu-

ßerster Zurückgezogenheit wollte es bleiben und wie nicht gesagt überleben – jedoch in der Hoffnung, einmal, nur einmal bei hochgeworfenen Armen, endlich ausgerufen zu sein!

Vielleicht gab es in der frühen Naturgeschichte ein jahrmillionenlanges Warten auf das Sehen, ein jahrmillionenlanges Warten auf das Hören von Tönen und Klängen. Beinah, als ob die Urverfassung allen Entstehens *das Warten* sei!

Karfreitag. Daß ein Bild über alle anderen stieg und jeder Leidende davor bescheiden wird, während er sich gleichzeitig in dieses Bild, das so über die Welt regiert, hineingenommen fühlt. Der Trost ist im wesentlichen dies Einvernommensein. Von der weiteren Bedeutung, Erlösung von allen Sünden (die bekannte Rationalisierung, die der Glaube dem Bild nachreicht), erfährt der Ungetaufte an sich selber nichts. Das Einbildende des Bilds – *compassion* – überwiegt. So gibt es Bilder, die das Leiden fangen statt nur den Blick.

In der Kirche war ein Heutiger mit Gott im Gespräch. Er hatte einen Lehnstuhl vor den Altar gestellt, die Beine auf die Mensa gestreckt und die Füße vor dem Tabernakel gekreuzt. Er unterhielt sich *ganz entspannt,* als wär's bloß Therapie, mit dem Ewigen Licht, das von seinem Atem flackerte.

Os! Os!, riefen die Kinder zu den Knochenbergen, Knochentürmen hinauf, der neueste Hype waren Berge von Os (Knochen), mehlweiß, aus dem Anthropozoikum, ›die einmal die besseren Alpen werden‹.
(Os! Os!, schrie auch Dido, von Schmerzen entstellt, die Königin von Karthago, bevor sie den Scheiterhaufen bestieg: Aus meinen Gebeinen erstehe der Rächer des Liebesverrats …)

Das Flackern und Zittern, das zunimmt, wenn eine Frau stehenbleibt und stillhält unter den Menschen, die ringsum schalten und walten. Das leichte Beben des Ausharrens. Der Leib, die Stirn, die Hände scheinen mit federleichten Lamellen überzogen, die bei jedem Windzug, der sie von den Vorbeieilenden trifft, leise aufflattern, unregelmäßig, da und dort … wie zwei Menschen, die miteinander sprechen und ein unerklärliches Geräusch in der Rede des anderen vernehmen und immer tiefer in ihn hineinhorchen, ob im Geräusch vielleicht ein schwerwiegendes Wort sich bahnbreche.

Deine Wäsche samt und sonders hat die Alte vom Läuterungsdienst schon durch den großen Trichter gepreßt. Du siehst bedürftige Schatten drüben deine Kleider tragen auf ihren lautlosen Festen. Doch müßte man genauer hinsehen können.

Dort gibt es Kleider, die man ins Feuer wirft, um sie zu reinigen, nicht um sie zu verbrennen.

Ich bin tuchlos, bildlos, unbebändert – wie konnte ich einen Vorübergehenden zu mir laden?
Selbst wenn die Welt erneut in Protz und Pracht schwelgte, in zügellosem Aufbegehren gegen Demut und Bescheidenheit, selbst wenn sie mit skrupellosen Erfindungen noch einmal zu mächtiger Entfaltung käme, sich noch weltlicher machte, als sie es je war, sich aufplusterte, größer machte, wie ein Tier in der Furcht, das seine Mähne sträubt – ich wäre zu nichts anderem da, als mich weiter zu mindern. Niedersitzen, das Gesicht zwischen den Knien, und zur Erde alte Lieder singen.

Und wenn es vorbei ist … was war's?
Alles, was dir durch den Kopf ging.
Dafür hätte eine volle Stunde genügt.

Mir war, als ob ich wiederauferstünd, den Rumpf noch in der warmen Erde, und nur die freien Arme winkten dem silbernen, unverständlichen Licht.
Der Jüngste Tag und sein Wider-Tag: »Machen wir Hälfte-Hälfte!«
Halb aufersteht der Mensch, halb bleibt er verblieben. Halb schmeichelt ihm neues Licht, halb denkt er vertraut mit den Toten.

Die alte Esche, des Fremden Ehrenbaum, noch immer in der Krone leis bewegt, weiter wissend, doch lautlos die nassen Blätter, die zu schwer geworden sind zum Wispern.

Es ist ausgestanden, *sponsa mortis*. Deine Schleppe bleicht, du selber bleichst zurück zum Blütenweiß.

Bin nun still. Sitze noch immer mit ausgestreckten Beinen und lasse wie jede Zurückgebliebene am alten Ort ein paar Rauchzeichen aufsteigen.
Es war, wie es war, eine große Sache.

Nicht mehr! Mehr nicht! Sie tritt, nur um wegzusehen, vor die Tür. Nicht mehr davon! Und dann einfach: mehr nicht, nicht mehr, nichts mehr. Nicht!